Sanar las heridas del corazón

Manual avanzado del facilitador

**Trauma Healing
Institute**

Tabla de contenido

PAUTAS DEL PROGRAMA
DE SANIDAD DEL TRAUMA

Resumen del programa

Este manual se utiliza en las sesiones avanzadas de capacitación de Sanidad del Trauma junto con *Sanar las heridas del corazón: La iglesia puede ayudar* y la *Guía del facilitador de grupos para sanar* que la acompaña. Este es el programa clásico para adultos de Sanidad del Trauma basado en la Biblia, del Instituto de Sanidad del Trauma.

El viaje de sanar

Este diagrama resume el proceso de sanidad del trauma en este programa.

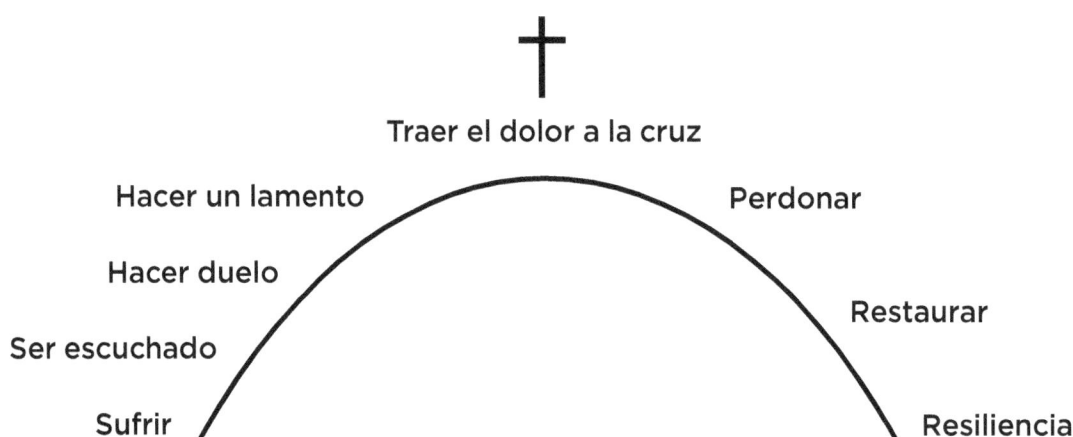

Traer el dolor a la cruz

Hacer un lamento

Perdonar

Hacer duelo

Restaurar

Ser escuchado

Sufrir

Resiliencia

Modelo del programa del Sanidad del Trauma

El modelo del programa del Instituto de Sanidad del Trauma generalmente utiliza las siguientes etapas:

- **Sesión informativa** —para ayudar a los líderes a experimentar y comprender el programa de Sanidad del Trauma y decidir si quieren integrarlo en su ministerio.
- **Sesión de capacitación** —para capacitar a las personas para dirigir grupos para sanar. Se lleva a cabo a través de un proceso de tres pasos: una capacitación inicial, una práctica (liderando dos grupos para sanar) y una capacitación avanzada para terminar la capacitación básica. Algunos participantes pueden ser seleccionados para desarrollar sus habilidades y convertirse en facilitadores de capacitaciones.
- **Grupo para sanar** —para ayudar a las personas con heridas en el corazón a encontrar sanidad, comprometerse con las Escrituras y volverse más resilientes. Se reúnen en un grupo pequeño (idealmente 6–12 personas) y cubren al menos las seis lecciones principales.
- **Minisesión de Sanidad del Trauma** —para abordar el trauma relacionado con una necesidad específica, pero sin cubrir las seis lecciones principales. Frecuentemente es una lección o porciones de varias lecciones.

- **Comunidad de práctica:** la red de facilitadores que utilizan estos materiales. A veces se reúnen para trabajar en colaboración, desarrollo profesional, animarse unos a otros y orar juntos. Pueden invitar a profesionales de salud mental y líderes de organizaciones e iglesias que trabajan con sobrevivientes de trauma.

Materiales del programa de Sanidad del Trauma

Los materiales de Sanidad del Trauma están disponibles para diferentes audiencias y propósitos, y constantemente se desarrollan más materiales y versiones del programa.

- *Sanar las heridas del corazón: La iglesia puede ayudar. Guía del participante de grupos para sanar.* Esto es una revisión del libro original de Sanidad del Trauma para adultos (a menudo conocido como el programa "clásico"). También disponible:
  - *Guía complementaria de las Escrituras* —para los participantes en un grupo para sanar que no tienen una Biblia o no están acostumbrados a buscar versículos de la Biblia, o para participantes en cualquier contexto en que parece más útil darles un folleto que el libro del participante. Contiene las ideas principales de cada lección y pasajes de las Escrituras transcritos en su totalidad.
  - *Guía del facilitador de grupos para sanar* —para los participantes en una capacitación inicial que se preparan para a liderar grupos para sanar. Contiene instrucciones y horarios para cada lección y guía práctica para dirigir un grupo para sanar.
  - *Manual avanzado del facilitador* —para los participantes en una capacitación avanzada. Contiene material adicional sobre cómo liderar grupos para sanar y cómo cuidar bien a las personas traumatizadas, junto con orientación para liderar capacitaciones y otros eventos de Sanidad del Trauma.
- *Sanando el corazón herido: Diario del participante* —una adaptación de las lecciones básicas de *Sanar las heridas del corazón* para su uso en los centros penitenciarios. Complementado por las *Guía del facilitador para el diario del preso* y la *Guía avanzada del facilitador* (ediciones correccionales aún no disponibles en español).
- *Club Sanar Corazones: Historias y actividades* y *Sanar las heridas del corazón de los niños: Libro del facilitador* —el programa de sanidad del trauma basado en la Biblia para niños de 8 a 13 años. Las ideas en *Sanar las heridas del corazón* comunicadas por medio de historias, juegos, ejercicios, manualidades y actividades.
- *La vida duele, el amor sana: Diario de adolescentes* y *Sanar las heridas del corazón de los adolescentes: Manual del facilitador* —se recomienda para su uso con adolescentes y jóvenes de 14 a 20 años, dependiendo de la cultura. Se trata de una historia urbana que aborda la identidad, los traumas familiares, el dolor y la pérdida, los tipos de traumas que los jóvenes tienden a enfrentar con mayor frecuencia y otros temas.
- *Sanando las heridas del corazón a través de historias* —presenta los mismos conceptos que *Sanar las heridas del corazón* comunicadas oralmente por medio de historias bíblicas, historias de la vida actual, ejercicios y versículos de memoria cantados. La alfabetización no es necesaria para los facilitadores o los participantes del grupo para sanar. Grabaciones de los cuentos y las instrucciones de ejercicios están disponibles, así como varios libros de cuentos contextualizados con guía de discusión y un manual para facilitadores.

- *Sanidad del trauma en audio* —producción profesional de historias de la vida actual e historias bíblicas en audio, con guía de preguntas para grupos pequeños y canciones para memorizar las Escrituras, para la difusión por radio u otros dispositivos. Disponible en formato mp3. Se puede usar en grupos de capacitación y grupos de escucha donde la alfabetización no es necesaria para los líderes o participantes del grupo de escucha. Guía para liderar la conversación en grupos de escucha disponible.
- *Más allá del desastre* y otros materiales para ayudar a las personas y comunidades con las necesidades espirituales y emocionales después de cualquier tipo de desastre; *¡LIBRE!* se enfoca en los jóvenes y *Dios está conmigo* en los niños.

Para obtener más información sobre estos materiales y sobre cómo recibir capacitación para usarlos, visite el sitio web: traumahealinginstitute.org o póngase en contacto con la Sociedad Bíblica local. Tenga en cuenta que cada versión del programa requiere formación específica. Incluso si su nivel de certificación le permite acceder a materiales del programa para los que no ha recibido capacitación, recuerde el principio principal de THI de "no hacer daño" y averigüe la capacitación necesario para utilizar cualquier material desconocido.

Competencias y capacidades del facilitador

1. Capaz de gestionar el bienestar personal
2. Capaz de trabajar en equipo
3. Capaz de ayudar a personas traumatizadas
4. Capaz de liderar grupos de manera participativa
5. Demuestra comprensión del contenido
6. Comprometido a dedicarle tiempo a la sanidad del trauma

Véase "Competencias y capacidades del facilitador" (Apéndice, página 89) para más detalles.

Convertirse en un facilitador de Sanidad del Trauma

FASE DE FORMACIÓN

Paso 1: Capacitación inicial

Propósito:

1. Explorar sus propias heridas del corazón
2. Aprender a ayudar a los demás

Resultado: El participante puede ser certificado como **Facilitador Aprendiz** y así estar autorizado para hacer una práctica.

Paso 2: Práctica

Propósito:

1. Adquirir experiencia utilizando material de *Sanar las heridas del corazón* y el método participativo
2. Ayudar a los participantes del grupo para sanar a encontrar la sanidad

Resultado: El participante es elegible para asistir a una capacitación avanzada después de facilitar dos grupos para sanar usando por lo menos las seis lecciones básicas.

Paso 3: Capacitación avanzada

Propósito:

1. Analizar los éxitos y desafíos de la práctica
2. Fortalecer las habilidades de facilitación
3. Aprender a cuidarse mejor a sí mismo y a los demás
4. Planificación la fase ministerial de Sanidad del Trauma

Resultado: El participante puede ser certificado como **Facilitador de Grupos para sanar** y posiblemente como **Facilitador de Capacitación.**

FASE MINISTERIAL

Resultado: Las personas que sufren encuentran sanidad en grupos para sanar.

Resultado de apoyo: El número de grupos para sanar aumenta, a medida que los facilitadores de capacitación dirigen las sesiones informativas y las sesiones de capacitación.

Véase "Dones, llamamiento y actividades del facilitador" en el apéndice (páginas 90–92) para más detalles.

Modelo básico de aprendizaje participativo

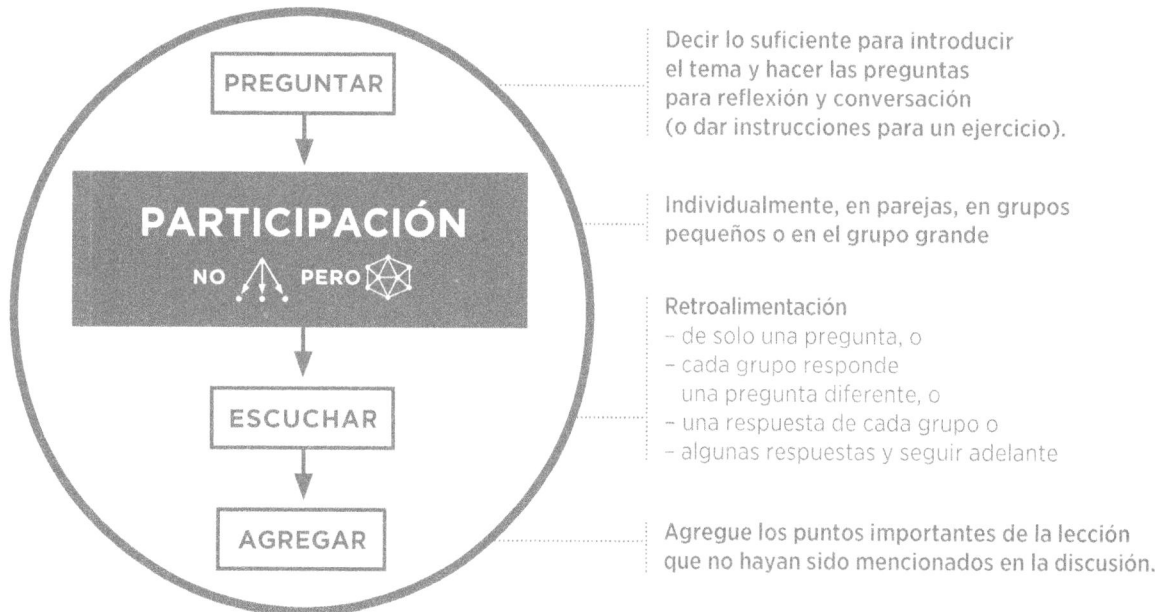

PREGUNTAR

PARTICIPACIÓN

NO · PERO

ESCUCHAR

AGREGAR

Decir lo suficiente para introducir
el tema y hacer las preguntas
para reflexión y conversación
(o dar instrucciones para un ejercicio).

Individualmente, en parejas, en grupos
pequeños o en el grupo grande

Retroalimentación
– de solo una pregunta, o
– cada grupo responde
  una pregunta diferente, o
– una respuesta de cada grupo o
– algunas respuestas y seguir adelante

Agregue los puntos importantes de la lección
que no hayan sido mencionados en la discusión.

DIRIGIR LAS SESIONES INFORMATIVAS

Preparativos para dirigir las sesiones informativas

Para iniciar un programa de Sanidad del Trauma, convoque a líderes claves para una sesión corta y así darles suficiente exposición al programa para que puedan decidir si quieren integrarlo en su ministerio. Esto es como un "aperitivo" para abrir el apetito para el plato completo. No es toda la comida. Adapte los materiales de esta sección a su situación.

1. *¿Por qué hacer una sesión informativa?* El éxito de un programa de Sanidad del Trauma depende del apoyo de líderes claves de las iglesias y de los ministerios. Sin eso, los facilitadores no tendrán un buen ambiente para llevar a cabo su ministerio. A menudo, los líderes claves no tienen tiempo para ser capacitados como facilitadores o para capacitar a otros. También prefieren reunirse con sus colegas. Cuando un grupo de líderes de varias iglesias u organizaciones decide que quieren integrar la Sanidad del Trauma en sus ministerios, esto proporciona una base sólida sobre la que se puede construir un programa de Sanidad del Trauma.

2. *¿Qué personas deben asistir?* Líderes de alto rango de iglesias y organizaciones que trabajan con personas traumatizadas, y funcionarios del gobierno (según corresponda). Si es posible, trate de que todas las iglesias estén representadas, para que la Sanidad del Trauma no sea calificada como un programa de una denominación o iglesia.

3. *¿Cuándo y cuánto tiempo?* Cada contexto es diferente. Una sesión informativa puede durar un día, medio día o unas pocas horas.

4. *¿Qué acción se desea?* Los líderes que deciden integrar la Sanidad del Trauma en su ministerio seleccionan personas de su iglesia o comunidad para ser entrenados como facilitadores de Sanidad del Trauma. Planifique realizar una sesión inicial de capacitación entre tres meses después de la sesión informativa, para que el interés que se despierte pueda canalizarse en acciones antes de que desaparezca.

5. *¿Dónde deberían llevarse a cabo las sesiones?* Las sesiones informativas deben llevarse a cabo en todos los niveles donde los líderes de las iglesias y organizaciones necesitan ser movilizados para apoyar un programa de Sanidad del Trauma. Esto puede ser a nivel internacional, regional, nacional, de área o de ciudad. Estos niveles a menudo interactúan: los líderes internacionales o nacionales determinan lo que sucede a nivel local, pero la aceptación a nivel local también es necesaria. Las sesiones informativas se pueden llevar a cabo en iglesias, hoteles u otras salas de reuniones. La ubicación debe ser accesible para todos los invitados. En algunos casos, las personas de una iglesia no están dispuestas a asistir a una reunión en otra iglesia.

6. *¿Quién organiza una sesión informativa?* Las sesiones informativas requieren de un anfitrión y un facilitador (por lo general, este es un Facilitador de Capacitación, un Facilitador Máster en Entrenamiento o un Facilitador Máster). En algunas situaciones, la misma persona o grupo puede cumplir ambos roles.

Responsabilidades del anfitrión

1. *Establecer la fecha y reservar una instalación:* Identifique cuatro o cinco líderes claves de la iglesia u organización que deben participar en la Sanidad del Trauma y proponga un par de fechas que funcionarían para la sesión informativa. Seleccione una fecha en la que la mayoría de estas personas claves estén disponibles. Asegúrese de que el facilitador esté disponible para esta fecha.

2. *Preparar el anuncio e invitar a los participantes:* Prepare un anuncio (impreso, electrónico o ambos) que proporcione información sobre el evento: objetivos, fecha, lugar, costo y contacto para la inscripción o más información (el facilitador puede proporcionar un modelo). Invite a los líderes apropiados. Un buen tamaño para el grupo es de 40 personas. (Los grupos más grandes harán que las partes participativas de la sesión sean difíciles de manejar).

3. *Crear un horario:* Trabaje con el facilitador sobre cuándo puede comenzar y terminar la sesión y cuándo se programarán las pausas para el café y/o la comida. Puede comenzar con un breve devocional si lo desea. Vea los horarios sugeridos en las siguientes páginas para una sesión de tres horas y una sesión de un día completo.

4. *Preparar los materiales:*
   - Extractos de *Sanar las heridas del corazón* que se utilizarán durante la sesión, uno por participante (el facilitador proporcionará el archivo a imprimir).
   - Folletos (el facilitador enviará el archivo para impresión; el anfitrión también puede solicitar copias al Instituto de Sanidad del Trauma).
   - Muestras de *Sanar las heridas del corazón* para exhibición (el facilitador las proporcionará).
   - Lista de inscripción de participantes.
   - Rotafolio y marcadores, si los solicita el facilitador.
   - Proyector, micrófono y atril, si los solicita el facilitador.
   - Tarjetas para el nombre, bolígrafo y un libreta de notas para cada participante.
   - Mesas (idealmente seis participantes en una mesa, más una mesa de registro) y, si se desea, decoraciones de mesa.
   - Un mapa simple del área, incluyendo algunas de las principales ciudades y ríos, y marcadores para cada mesa. Confirme el mapa con el facilitador. Haga copias o dibújelas en una hoja grande o en un rotafolio, una por cada seis participantes.
   - Formulario de respuesta de la organización, uno por organización (el facilitador proporcionará el archivo para reproducir copias).

5. *Determinar el idioma:* Elija el o los idiomas para la reunión. Si se incluirá un idioma en el que aún no tiene materiales impresos de *Sanar las heridas del corazón*, traduzca un resumen de los extractos. Haga que las traducciones sean revisadas para verificar la precisión y la claridad de las ideas.

6. *Preparar el presupuesto:* Consulte la siguiente tabla para conocer las categorías a considerar.

ARTÍCULO	COSTO UNITARIO	#	COSTO TOTAL
Comida y bebida (descansos y café)		X	
Materiales		X	
Sala de reuniones		X	
Invitados especiales (alojamiento, comidas, transporte)		X	
Transporte local		X	
Transporte del facilitador		X	
Gastos de preparación (teléfono, transporte local, invitaciones, etc.)		X	
Administración		X	
TOTAL		X	

7. *Confirmar participación:* Haga un seguimiento con los invitados para confirmar la participación.
8. *Prepararse para el registro el día del evento:* Prepare una hoja de registro (el facilitador puede proporcionar una muestra) y determine cómo se manejará el proceso de registro el día del evento.

DURANTE EL EVENTO

1. Dar la bienvenida a los invitados y registrar o confirmar su información de contacto en la hoja de registro.
2. Asegurarse de que la logística fluya. Solucionar los problemas.
3. Estar presente para comprender el programa de Sanidad del Trauma.
4. Escuchar los comentarios de las preguntas de conversación en grupos pequeños. Ayude al grupo a ponerse de acuerdo sobre los lugares donde deben comenzar los programas de Sanidad del Trauma.
5. Cerrar la reunión con una oración.

DESPUÉS DEL EVENTO

1. Hablar con el facilitador sobre cómo fue la sesión.
2. Colaborar con los participantes y el facilitador para programar una sesión de capacitación inicial, preferiblemente dentro de los tres meses siguientes.
3. Ayudar con la planificación de la sesión de capacitación inicial.

Responsabilidades del facilitador

ANTES DEL EVENTO

1. Decidir el horario con la organización anfitriona: horas de inicio y finalización, pausas, sesiones de apertura y cierre, etc.
2. Proporcionar un folleto de muestra al anfitrión para enviar a los participantes (descargable del sitio web del facilitador de THI) y trabajar con el anfitrión para completarlo.
3. Preparar el horario detallado.
4. Preparar el PowerPoint (véase el modelo descargable en el sitio web del facilitador de THI) y comunicar las necesidades audiovisuales al anfitrión.
5. Proporcionar al anfitrión los extractos de *Sanar las heridas del corazón* para usar durante la sesión, junto con el archivo del folleto del Instituto de Sanidad del Trauma, el formulario de respuesta de la organización (Apéndice, página 96) y la hoja de registro de la sesión informativa (descargable del sitio web del facilitador de THI).
6. Asegurar presentadores adicionales, si fuera posible (por ejemplo, alguien que haya asistido a un grupo para sanar o sesión de capacitación y que esté dispuesto a dar un testimonio breve).

DURANTE EL EVENTO

- Facilitar la sesión.

DESPUÉS DEL EVENTO

1. Hablar con el facilitador sobre cómo fue la sesión.
2. Presentar el informe de la sesión informativa (Apéndice, página 97).

Horarios de las sesiones informativas

HORARIO SUGERIDO DE TRES HORAS

9:00 Bienvenida y resumen del programa

9:45 Sesión experiencial

10:45 Receso

11:00 Determinando la necesidad y la respuesta

11:45 Próximos pasos, preguntas y respuestas

12:00 Oración de clausura

HORARIO DETALLADO DE TRES HORAS

9:00 Bienvenida y resumen del programa

- Oración de inicio
- Presentaciones (nombre, organización, de dónde es)
- Resumen de la sesión
- Puntos de conversación (consulte la siguiente sección)
- Descripción general del programa, utilizando el PowerPoint de la sesión informativa o bien puede usar la información de este *Manual del facilitador*. Es útil incluir un testimonio breve de alguien que haya participado en un grupo para sanar o en una sesión de capacitación.

9:45 Sesión experiencial, utilizando extractos de *Sanar las heridas del corazón* para brindar a los participantes una experiencia del programa. Por ejemplo:

- (15 min) Lección de Heridas del corazón, sección 1, Historia y preguntas para conversar
- (15 min) Lección de Heridas del corazón, sección 2A, Una herida del corazón es como una herida física
- (30 min) Lección de las Heridas del corazón, sección 3, ¿Qué nos enseña la Biblia acerca de expresar nuestros sentimientos?

10:45 Receso

11:00 Determinando la necesidad y la respuesta

- (15 min) Actividad de mapa: Entregue a cada grupo de mesa un mapa simple del área (indicando solo las principales ciudades y ríos). Pídales que indiquen lo siguiente en el mapa:
  - áreas que están experimentando un trauma significativo
  - la fuente del trauma (es decir, violencia, abuso sexual, desastre natural, accidentes, etc.)
  - quiénes se ven más afectados (por ejemplo, todos, hombres, mujeres, adolescentes, niños)
  - organizaciones o iglesias que ya están respondiendo en esa área para ayudar a las personas traumatizadas

- (15 min) Pida que un representante de cada grupo muestre y explique su mapa. El objetivo es comparar y priorizar las áreas donde la Sanidad del Trauma es más necesaria. (Después de la sesión informativa, se puede identificar personas de estas áreas para capacitar como facilitadores). Tome una foto de los mapas o guárdelos.
- (5 min) Explique el tipo de persona que debe asistir a una sesión de capacitación:
  - Deseos de explorar y encontrar la sanidad de sus propias heridas espirituales y emocionales
  - Dominio del idioma de instrucción de la sesión de capacitación
  - Disponibilidad de asistir a todas las sesiones
  - Edad mínima 18 años
  - Compromiso de ayudar a los sobrevivientes del trauma y capacidad de dedicar tiempo a la Sanidad del Trauma
  - Capacidad de enseñar a otros, administrar el bienestar personal, trabajar en equipo, aprender a liderar grupos de forma participativa, recibir retroalimentación sin ponerse a la defensiva
  - Tener estatus suficiente para enseñar a otros en la comunidad
  - Ser parte de un equipo de al menos dos personas de su organización, iglesia o área, idealmente de ambos sexos (liderarán grupos para sanar juntos en lugar de hacerlo solos)
- (10 min) Dividir en grupos por organización. Entregue una copia del **formulario de respuesta organizacional** a cada grupo para conversar y completar. Recoger los formularios.

11:45 Próximos pasos, preguntas y respuestas. Intercambien ideas sobre la hora y el lugar de una sesión de capacitación. Permitir a los participantes hacer preguntas.

12:00 Oración de clausura

PROGRAMA SUGERIDO DE DÍA COMPLETO

(véase el programa detallado de tres horas arriba y prolongue donde lo desee)

9:00   Bienvenida y resumen del programa

10:00   Sesión experiencial, parte 1

- (15 min) Lección de Sufrimiento, sección 1, historia y preguntas para conversar
- (15 min) Lección de Sufrimiento, sección 2, ¿Por qué hay maldad y sufrimiento en el mundo? o de la sección 4, Actividad artística de la palabra
- (30 min) Lección de Sufrimiento, sección 3A, Algunas creencias culturales

11:00   Receso

11:15   Sesión experiencial, parte 2

- (40 min) Lección de Heridas del corazón, sección 2, ¿Qué es una herida del corazón?
- (30 min) Lección de Heridas del corazón, sección 3, ¿Qué nos enseña la Biblia sobre cómo expresar nuestros sentimientos?
- (5 min) Lección de Heridas del corazón, Cierre, Ejercicio de respiración

12:30   Almuerzo

1:30   Sesión experiencial, parte 3

- (60 min) Lección de Sanar, sección 2, ¿Cómo puede ayudarnos a sanar el hablar de nuestro dolor?

2:30   Determinar la necesidad y la respuesta

3:30   Receso

3:45   Próximos pasos, preguntas y respuestas

4:30   Oración de clausura

Temas de conversación de la sesión de bienvenida

¿Por qué deberíamos tomarnos este tiempo para pensar en el trauma?

- Leer los titulares de los diarios/escuchar las noticias. El trauma está en todas partes. Cite algunas noticias recientes de traumas de diferentes tipos: guerras políticas, conflictos étnicos, desastres naturales, abuso sexual, etc.
- "El trauma es el campo misionero más grande de la actualidad". Dra. Diane Langberg, copresidenta del Consejo asesor de Sanidad del Trauma.
- El trauma puede crear una barrera para que las personas se conecten con las Escrituras. Los corazones se endurecen por el dolor, la ira y la amargura. La gente puede leer la Biblia, pero su mensaje puede no ser capaz de llegar a sus corazones.
- El programa Sanidad del Trauma está diseñado para capacitar a los líderes de la iglesia, miembros de la iglesia y personal de organizaciones con principios básicos de salud mental y bíblicos, para que puedan responder mejor a su propio dolor interno y al de los demás.
- Una vez capacitados y certificados, los facilitadores de Sanidad del Trauma pueden brindar atención básica de trauma. Remiten casos difíciles a personas con un entrenamiento de salud mental más avanzado.

PROFESIONALES DE
LA SALUD MENTAL

FACILITADORES DE
SANIDAD DEL TRAUMA

- El programa de Sanidad del Trauma comenzó en 2001 en respuesta a las necesidades de los líderes de la Iglesia en zonas de guerra en África. Se ha extendido a todos los continentes y ha sido traducido a muchos idiomas (véase el sitio web de THI para una lista actualizada).
- Isaías 61:1–4 y Lucas 4:14–20 —cumplimos el evangelio de Jesucristo liberando a personas cautivados por su dolor.
- Hoy vamos a obtener una "muestra" del programa, para que ustedes puedan decidir si esto es algo que sería útil en su ministerio.
- Los tres principios del bienestar (Apéndice, página 87) pueden ayudarnos a entender el impacto del trauma.

DIRIGIR LAS SESIONES DE CAPACITACIÓN INICIAL

Dirigir las sesiones de capacitación inicial

Las sesiones de capacitación inicial introducen a los participantes a los materiales de Sanidad del Trauma de una manera experiencial y participativa y los preparan para ayudar a otros. El objetivo es que al final de la sesión, puedan:

- experimentar un nivel más profundo de sanidad a través de Jesús de cualquier herida de trauma o pérdida que estén llevando.
- responder más eficazmente al sufrimiento de los demás.
- certificarse como Facilitador Aprendiz, y si lo logra, codirigir al menos dos pequeños grupos a través del mismo proceso de sanidad, luego asistir a una sesión de capacitación avanzada.

Nota: Consúltese el sitio web del facilitador de THI para obtener recomendaciones para dirigir una sesión inicial de capacitación en línea.

Las personas involucradas

Organizar una sesión de capacitación requiere contar con un equipo. Cuanto mejor se preparen las cosas, más se pueden enfocar los participantes en la experiencia de Sanidad del Trauma.

Anfitrión

La organización anfitriona debe asignar una o más personas para proporcionar apoyo administrativo para la sesión. Deben trabajar con el facilitador principal. Necesitarán una copia de al menos esta sección del *Manual avanzado del facilitador* para prepararse para la sesión.

El anfitrión también debe asignar:

- Una persona de comunicación para tomar fotos / videos (incluyendo la foto grupal) y, si es apropiado, obtener entrevistas e historias.
- Al menos un líder de alabanza

Equipo de facilitadores

- Facilitador principal
- Cofacilitadores: por lo menos uno, pero aproveche la oportunidad de guiar a varios, dándoles algunas responsabilidades en una sesión. Asegúrese de que haya al menos un facilitador por cada diez participantes.

Participantes

El grupo debe tener suficientes participantes para desarrollar buenas conversaciones en grupos pequeños, pero no debe haber más de 36 participantes en total, en seis grupos de seis personas. Si el grupo supera ese número, hará inmanejable la naturaleza participativa de la capacitación y comprometerá la calidad de la capacitación. Parte de la experiencia de formación implica compartir personalmente. Para crear un espacio seguro, las sesiones deben estar cerradas a personas que no están participando en la capacitación. Los visitantes pueden ser recibidos para la ceremonia de clausura.

Los participantes deben cumplir con los siguientes requisitos:

- Desear explorar y encontrar la sanidad a sus propias heridas espirituales y emocionales.
- Dominar el idioma de instrucción de la sesión de capacitación.
- Poder asistir a **todas** las sesiones.
- Edad mínima 18 años.
- Comprometerse a ayudar a los sobrevivientes de trauma y ser capaz de dedicar tiempo a la Sanidad del Trauma.
- Poder capacitar a otros y aprender a liderar grupos de manera participativa.
- Poder manejar el bienestar personal.
- Poder trabajar en equipo.
- Poder recibir retroalimentación de su desempeño sin ponerse a la defensiva.
- Tener estatus suficiente para enseñar a otros en la comunidad y una buena reputación.
- Ser parte de un equipo de al menos dos personas de su organización, iglesia o área, idealmente de ambos sexos (que liderarán grupos para sanar juntos en lugar de hacerlo solos).

Responsabilidades del anfitrión

El facilitador principal le puede proveer una lista de verificación de las siguientes responsabilidades.

Antes de la sesión de capacitación

1. Presupuesto: En consulta con el facilitador principal, prepare un presupuesto para la capacitación. Consulte la plantilla a continuación para ver las categorías a incluir. El facilitador principal le enviará una hoja de cálculo presupuestaria detallada.

ARTÍCULO	COSTO UNITARIO	#	COSTO TOTAL
Alojamiento		x	
Comidas y recesos		x	
Materiales (véase el #6 a continuación)		x	
Instalaciones		x	
Transporte del participante (si fuera necesario)		x	
Viajes y visas del personal		x	
Transporte local		x	
Fondos del ministerio para los participantes (si fuera necesario)		x	
Administración		x	
Contingencias		x	
TOTAL		x	

2. Instalaciones: Identifique una instalación de precio accesible para albergar al grupo y reserve las fechas con mucha anticipación. La instalación debe tener una sala de reuniones grande y varias pequeñas, y una provisión para servir café, bocadillos y almuerzo. Contar con acceso a Internet sería muy útil. Si la sesión es de permanencia o residencial, la instalación debe proporcionar pensión completa (alojamiento y comidas). Si la sesión no es residencial, investigue y recomiende opciones de hospedaje en el área. Haga arreglos para dietas especiales.

Dependiendo del tamaño anticipado de la capacitación, asegúrese de tener una mesa (ya sea rectangular o circular) por cada seis participantes, además de una mesa de registro, una mesa de facilitadores, un atril y ayudas audiovisuales. (Consulte con el facilitador principal para obtener más detalles).

3. Invitaciones: Prepare una invitación (en papel, electrónica o ambos) que brinde información básica, incluyendo: fechas, objetivos, quién debe asistir, ubicación, idioma(s) de instrucción, personal, patrocinadores, tarifa de inscripción y lo que cubre, información de pago, información de hospedaje e información de registro. (El facilitador principal puede proporcionar una invitación de muestra).

Una de las tareas más importantes es conseguir que las personas adecuadas asistan y esto requiere esfuerzo. Si hubo una sesión informativa, las personas que asistieron pueden ayudar a identificar quiénes deberían recibir las invitaciones. Si quisieran registrarse más personas de las que puede acomodar, mantenga una lista de espera. Suele suceder que algunas personas tienen que cancelar su participación.

El anfitrión y el facilitador principal deben coordinarse entre sí con respecto a la publicación del evento en el sitio web de THI.

Comuníquese con los inscritos por teléfono o correo electrónico unos días antes de la sesión, para recordarles la hora de inicio, la ubicación y cualquier otro detalle pertinente. (El facilitador principal podría incluir algunos detalles adicionales en el mensaje).

4. Información del participante y hoja de cálculo: Si se utilizará la inscripción en línea para la capacitación, consulte con el facilitador principal para elaborarla. Durante el proceso de registro, recopile la misma información que se necesitará en la hoja de cálculo de información del participante. Tanto el anfitrión como el facilitador principal podrán ver la lista de registro en cualquier momento y exportar la información del participante a una hoja de cálculo.

Si no se utilizará el registro en línea, el facilitador principal enviará al anfitrión una copia digital o impresa del formulario de información del participante o la hoja de cálculo de información del participante. Reúna esta información sobre cada participante como parte del proceso de registro. Si no es posible obtener la información del participante antes de la sesión, consígala cuando llegue al evento e ingrésela en la hoja de cálculo lo antes posible.

Los facilitadores deben verificar las inscripciones antes de la sesión para poder ajustar el horario a las necesidades del grupo, orar por los participantes y conocer sus nombres. Luego, en la sesión, los facilitadores deben quedarse con la copia maestra de la hoja de cálculo del participante. El anfitrión debe seguir verificando los detalles de alojamiento, comida y pago por separado.

5. Transporte: Trabaje con los participantes y el personal para organizar su transporte (obtener horarios/vuelos de llegada y salida).

6. Materiales: Reúna todos los materiales necesarios, en consulta con el facilitador principal:

- Los libros que se utilizarán en la sesión, que incluyen:

  □ *Guía del facilitador de grupos para sanar,* una copia por participante
  □ *Sanar las heridas del corazón: La iglesia puede ayudar (Guía del participante de grupos para sanar)* o *Guía complementaria de las Escrituras,* una copia por participante

- Autorización grupal para fotografías y grabaciones
- Autorización individual para testimonios, fotografías y grabaciones
- Tarjetas para nombres de los participantes (escriba los nombres lo suficientemente grandes para verlos con facilidad)
- Un cuaderno para cada participante
- Un bolígrafo, lapicero o lápiz para cada participante
- Una carpeta para que cada participante pueda guardar los papeles
- Papel de rotafolio y marcadores
- Una resma de papel
- Una cinta adhesiva

- Un par de tijeras
- Medicamentos, si la capacitación se realiza en una zona sin buenas farmacias
- Para la lección Llevar nuestro dolor a la cruz: una cruz de madera grande y simple, posiblemente un martillo y clavos (consultar con el facilitador principal)
- Para la lección del Perdón: una soga o cordón de al menos dos metros de largo (consultar con el facilitador principal)
- Para el ejercicio Botellas bajo el agua: un recipiente hondo para agua y cinco o seis botellas de agua vacías, o globos (consultar con el facilitador principal)
- Pañuelos faciales desechables (una caja por mesa)
- Hojas con letras de canciones o diapositivas de PowerPoint (consultar con el facilitador principal)
- Una campana (para indicar el final de las actividades)
- Crayones o marcadores para cada mesa, para el ejercicio de arte (aproximadamente tres por persona)
- Muestras de folletos de Sanidad del Trauma (el facilitador principal enviará los archivos)
- Formulario de información del participante o la hoja de cálculo de información del participante, si no es parte del proceso de registro (el facilitador principal enviará los archivos)
- Certificados, impresos en papel más grueso (28 lb o 90 g), una hoja por participante, más hojas adicionales en caso de errores (el facilitador principal enviará los archivos)
- Impresiones para los participantes, como el programa de capacitación, folletos, etc. (el facilitador principal enviará los archivos)

Tenga una forma de sacar fotocopias, ya que los facilitadores pueden necesitar algunos documentos adicionales durante el evento.

7. *Certificados:* El facilitador principal enviará los archivos para los tipos de certificados que se utilizarán (un Certificado de Participación y un Certificado de Facilitador). Determinen juntos cuándo y cómo se imprimirán los certificados.

Para ingresar los detalles de la sesión en el archivo del certificado, ábralo con Adobe Acrobat (no con el programa Apple Preview). Imprima los certificados en un papel que sea más grueso de lo normal, pero no tan grueso que no pueda pasar por una impresora o fotocopiadora (28 lb o 90 g).

Escriba los nombres de los participantes en los certificados. Hay dos opciones:

- Escriba el nombre de cada participante en su certificado antes de imprimirlo. Esto hace que tenga una presentación profesional. Para hacer esto, necesita tener en la sesión acceso a una computadora e impresora que sean compatibles. Escriba el nombre del participante e imprímalo, luego ingrese el nombre del siguiente participante e imprímalo. Si durante la capacitación le resultara difícil hacer esto, puede imprimir todos los certificados por adelantado, con el Certificado de Facilitador Aprendiz, suponiendo que la mayoría de los participantes recibirán esta certificación. Para aquellos que recibirán un Certificado de Participación, puede imprimir esos certificados el último día. Asegúrese de eliminar los Certificados de Facilitador Aprendiz no utilizados para estos participantes.
- Ingrese cada nombre a mano. Para hacer esto, puede imprimir con anticipación un buen suministro de los tipos de certificados que necesitará, dejando un espacio en blanco para el nombre del participante.

Si el facilitador principal es un Facilitador Máster, también puede decidir certificar a uno o más de los cofacilitadores como Facilitador Máster en Entrenamiento. Si es así, el facilitador principal puede solicitar que se imprima un certificado para el facilitador.

8. *Consejería:* Si fuera posible, haga arreglos para que haya un consejero profesional disponible durante o fuera del horario de la sesión de capacitación, para reunirse con los participantes que necesiten hablar más sobre los problemas planteados durante la sesión.

Durante la sesión de capacitación

1. *Recibimiento en el aeropuerto y logística en el lugar:* Organice el transporte local hacia y desde las instalaciones, a medida que los participantes llegan y se van. Trabaje con el facilitador principal para asegurarse de que se satisfagan las necesidades de los participantes durante la sesión.

2. *Ceremonia de bienvenida y clausura:* Haga arreglos para que una persona apropiada de su organización abra la sesión. Esto debe ser breve: dar la bienvenida a los participantes y expresar lo que esperan sobre el impacto que tendrá la capacitación en las vidas y comunidades de los participantes (15 minutos en total). Si fuera apropiado (consultar con el facilitador principal), esta persona también puede dar un devocional breve (5 minutos). Para la ceremonia de clausura, puede invitar a otros a unirse a escuchar lo que los participantes han aprendido. Esto puede servir para correr la voz sobre la Sanidad del Trauma.

3. *Presupuesto:* Prepare una lista detallada de todos los gastos, recopile los recibos de todos los desembolsos, pague todas las facturas y envíe un informe financiero a la persona adecuada.

Después de la sesión de capacitación

Retroalimentación: Reúnase con el facilitador principal para informar sobre la capacitación y revisar los formularios de comentarios de los participantes.

Responsabilidades del facilitador principal

Mientras se prepara para su sesión de capacitación, lea esta sección por completo y descargue del sitio web del facilitador de THI los materiales que usted y el anfitrión necesitarán. Consulte la "Lista de verificación del facilitador principal para las sesiones de capacitación" (Apéndice, página 101) para obtener una descripción general de las siguientes responsabilidades.

1. *Elija los idiomas de la sesión:* Los participantes deben poder leer la guía del facilitador en al menos uno de los idiomas que se utilizan. A veces, este es un idioma de comunicación más amplio, diferente a la lengua materna de los participantes. Si se necesita una traducción para otro idioma, comuníquese con el Instituto de Sanidad del Trauma para averiguar si la traducción ya está en proceso y para conocer el proceso del desarrollo de materiales (support@traumahealinginstitute.org). Si hay un grupo de idiomas que aún no cuenta con los materiales clásicos traducidos, considere si la versión de Sanidad del Trauma basada en historias sería más apropiada para ese grupo. De lo contrario, los hablantes nativos deben aprender la Sanidad del Trauma en un idioma de comunicación más amplia —este es el primer paso y es esencial antes de emprender una traducción escrita.

Es posible realizar una sesión multilingüe si hay materiales disponibles en ambos idiomas y el equipo de facilitación es multilingüe; sin embargo, asegúrese de permitir tiempo adicional a lo largo del programa.

Forme de antemano un equipo de facilitación que hable la combinación requerida de idiomas. El equipo de facilitación debe dividir las responsabilidades en el horario para que el material esté cubierto en los idiomas necesarios, a fin de que todos los participantes lo comprendan. Es posible que uno o más de los facilitadores necesiten estar acompañados por un intérprete. Si este es el caso, coordine previamente con el anfitrión para encontrar un intérprete. Asegúrese de que el intérprete lea los materiales en el idioma necesitado, para que el contenido se comunique con precisión. Compruebe si los folletos, así como el calendario, la prueba y el formulario de comentarios de los participantes, necesitan estar en varios idiomas. Defina los grupos con personas que tengan un lenguaje común, para que las discusiones fluyan bien. Se puede organizar la práctica de facilitación en grupos por idioma.

Esté preparado para identificar y ayudar a los participantes que tienen dificultades para comprender. Se les puede ayudar si un participante bilingüe se sienta junto a ellos en su grupo de mesa. Algunas personas, aunque comprendan el idioma de instrucción, encontrarán estresante una prueba escrita. Es posible que necesiten un arreglo especial para una prueba oral.

Si utiliza un intérprete, pregunte con regularidad "¿Qué es lo que entiende?" (en lugar de "¿Entiende?"). Use un vocabulario más básico y no use modismos. Por ejemplo, en lugar de "congruencias", diga "cosas que son iguales".

Anime a los participantes a usar las Escrituras en su idioma nativo, si es que existen. Si solo tienen el Nuevo Testamento en su idioma, es posible que deba preparar una traducción aproximada de los pasajes claves del Antiguo Testamento. Un consultor de traducción de la Biblia debe verificar todas las traducciones de las Escrituras.

2. *Lista de participantes:* Proporcione al anfitrión un modelo de invitación/folleto para enviar a los posibles participantes (descargable desde el sitio web del facilitador de THI) y trabaje con el anfitrión para completarlo.

Si está utilizando el registro en línea, asegúrese de que tanto usted como el anfitrión puedan ver la lista de inscritos. Podrá exportar la hoja de cálculo de información del participante.

Si no está utilizando el registro en línea, proporcione al anfitrión una copia digital o impresa del formulario de información del participante o la hoja de cálculo de información del participante (descargable desde el sitio web del facilitador de THI). Asegúrese de que el anfitrión le envíe la información de los participantes con intervalos regulares durante el período de registro.

Supervise la lista de registro. Para los participantes que usted o el anfitrión aún no conozcan, el anfitrión debe comunicarse con sus líderes para confirmar que su iglesia u organización los recomienda para que se conviertan en facilitadores de Sanidad del Trauma. Ayude al anfitrión a enviar un anuncio de bienvenida a los participantes.

Una vez que comience la sesión, actualice la hoja de cálculo de información del participante, agregue puntajes de exámenes, puntajes de facilitación de práctica, nombres de mentores, niveles de certificación y cualquier comentario necesario. Guarda esta información para si lo necesita acceder más tarde pero no lo ingrese a la base de datos.

3. *Horario y prueba:* Determine el horario con la organización anfitriona (horas de inicio y finalización, pausas, sesiones de apertura y cierre, clases opcionales, etc.). Vea modelos de horarios en la siguiente sección. Si lo desea, puede agregar al programa el logotipo del anfitrión.

Comuníquese con los cofacilitadores antes de la capacitación. Asígneles las porciones de las lecciones que enseñarán, al menos durante el primer día. Haga que los facilitadores más experimentados enseñen lecciones en equipo con los facilitadores con menos experiencia. Cree dos horarios, uno con más detalles, para el equipo de facilitadores y otro con temas y horarios, solo para los participantes. Imprima copias de los horarios. En algunos contextos, una copia del horario colgada en la pared es adecuada para los participantes.

Descargue la prueba del sitio web del facilitador de THI y ajústela de acuerdo con las lecciones que ha seleccionado. Imprima copias.

4. *Materiales:* Repasa la lista de materiales con el anfitrión (consulte "Responsabilidades del anfitrión, 6. Materiales"). Revise los materiales antes de la capacitación, especialmente al llegar al lugar de la capacitación, para asegurarse de que el anfitrión haya reunido los materiales necesarios.

En colaboración con el anfitrión y/o el líder de alabanza, decide cuáles canciones se recomienda usar con este grupo y prepare una hoja de canciones (o diapositivas de PowerPoint). Algunas de las canciones deben ser conocidas por el grupo. Utilice canciones que sean comunes en todas las iglesias y edades representadas. Incluya algunas canciones apropiadas para "Llevar nuestro dolor a la cruz". Envíe la lista o las diapositivas de PowerPoint al anfitrión con anticipación.

5. *Organice el espacio de la reunión:* Si usa mesas rectangulares, coloque las mesas y sillas en forma de espina de pescado, de modo que los integrantes puedan participar en conversaciones de grupos grandes y pequeños sin mover sus sillas (véase la imagen a continuación). Si usa mesas redondas, asegúrese de que ninguna de las mesas esté demasiado lejos del frente de la sala.

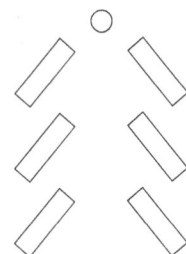

Los participantes necesitarán espacio para trabajar en el ejercicio de arte y escribir lamentos. Para la lección de Llevar nuestro dolor a la cruz, considere colocar las sillas en un círculo grande. Para la práctica de facilitación, típicamente varios grupos pueden caber en la sala principal, mientras que otros grupos usan salas más pequeñas.

Prepare una mesa de registro.

6. *Haga grupos:* Divida a los participantes en grupos de aproximadamente seis por mesa. Forme los grupos con anticipación, si es posible, para que cada grupo tenga una buena mezcla de participantes: hombres y mujeres (si es culturalmente apropiado), de diferentes denominaciones u organizaciones o grupos étnicos, etc. (Si hay tiempo para compartir personalmente por las tardes, puede crear diferentes grupos para compartir). Escriba los nombres de los participantes de cada grupo en una hoja de papel y colóquela en la mesa del grupo antes de que comience la sesión o comunique las asignaciones del grupo de mesa al anfitrión, para que pueda agregar el número de mesa a la etiqueta con el nombre de cada participante.

Si no es posible conformar los grupos con anticipación, cuente los participantes al comienzo de la sesión y divídalos en grupos de esa manera. Por ejemplo, si hay 24 participantes, haga cuatro grupos de seis. Pida a los participantes que cuenten del 1 al 4. Todos los 1 forman un grupo, y así sucesivamente.

Respete las normas culturales de interacción social para que todos puedan participar libremente en su grupo. Por lo general, los miembros de una familia tienen una experiencia más enriquecedora si están en grupos separados. Algunos ejercicios se realizan mejor en grupos de género (hombres y mujeres por separado), en grupos étnicos o en grupos de iglesias.

Mientras los grupos funcionen bien, mantenga los mismos grupos durante toda la sesión de capacitación, para que los miembros del grupo puedan construir relaciones. Sin embargo, si la dinámica de alguno de los grupos es negativa, o si los participantes quieren cambiar de grupo de mesa para conocer a otros, haga nuevos grupos.

7. *Reuniones con el equipo (una hora como mínimo):* El equipo debe reunirse antes de que comience la sesión, para organizar en detalle el primer día o dos, y luego reunirse al final de cada día para conversar y ajustar el programa a las necesidades del grupo.

Generalmente, las reuniones incluyen una revisión del día con retroalimentación al equipo sobre su desempeño, análisis de cualquier tema en el grupo que deba ser abordado, evaluación preliminar de las competencias de los participantes (véase más abajo, *10. Evaluación y retroalimentación),* preparación detallada para al día siguiente y un vistazo al resto de la sesión. La lección de Llevar nuestro dolor a la cruz y la ceremonia de clausura deben prepararse con mucha antelación.

Las tensiones entre los miembros del equipo son obvias para los participantes y tienen un efecto negativo en la sesión. Es importante abordarlas y resolverlas. Procurar que el trato unos a otros sea con cuidado y consideración como un modelo de "espacio seguro".

8. *Consejería:* Si un consejero profesional está presente y está dispuesto a reunirse con personas, comuníqueselo al grupo. Necesitan coordinar horarios para reunirse fuera de la sesión.

9. *Formulario de autorización grupal:* Consulte el Apéndice, página 108. Explique que queremos que los participantes tengan la oportunidad de decidir si quieren aparecer en alguna fotografía o grabación de voz o video que se lleve a cabo durante la capacitación. Estos elementos pueden

usarse para promover la Sanidad del Trauma. Distribuya el formulario de autorización del grupo y dé a los participantes la oportunidad de firmar.

Explique que si alguien desea dar un testimonio individual puede firmar el formulario de autorización individual (Apéndice, página 109).

Asegúrese de que se tome una fotografía del grupo en algún momento de la capacitación.

10. *Evaluación y retroalimentación:* a lo largo de la capacitación, pero particularmente en la última noche, pida al equipo que evalúen las competencias de los participantes según los siguientes criterios:

- Interacción interpersonal y bienestar personal: Observe si alguno de los participantes parece demasiado frágil emocionalmente o no es capaz de relacionarse bien con los demás o trabajar en grupo. Consulte "Competencias y capacidades del facilitador" (Apéndice, página 89).
- La práctica de facilitación: Usar la escala del 1 al 10, con 10 como excelente (consulte "Ejercicio de la práctica de facilitación de capacitación inicial", en el Apéndice, página 110).
- Dominio del contenido: basado en su puntuación en la prueba de capacitación inicial.

La certificación significa que el equipo de facilitadores considera que la persona se desempeñará como facilitador dentro de un rango aceptable. Cada persona recibirá uno de los dos certificados (Participación o Facilitador Aprendiz).

Primero, averigüe si hay participantes que no quieran continuar en el proceso de formación. Cualquiera sin intención de continuar en el proceso de capacitación debe obtener un Certificado de Participación.

En segundo lugar, hacia el final de la sesión, el equipo de facilitadores debe discernir si hay otros participantes que deberían recibir solo un Certificado de Participación porque tienen problemas que deben resolver para continuar con el proceso de capacitación de facilitadores. Reúnase con estos participantes y bríndeles comentarios específicos sobre lo que se ha observado, junto con sugerencias de formas de mejorar. Esto debe hacerse con gentileza y oración. El objetivo es ayudarlos a superar cualquier problema que podría perjudicar a ellos o a aquellos a quienes esperan servir.

Finalmente, los participantes que cumplen con los criterios de evaluación y que desean continuar en el proceso de capacitación obtienen un Certificado de Facilitador Aprendiz, que sirve como evidencia de que son capaces de comenzar la práctica de liderar grupos para sanar.

Agregue los puntajes de las pruebas de los participantes, los puntajes de facilitación de la práctica, los niveles de certificación y cualquier comentario que podría ayudar en adelante para guiar o mentorear a la persona a la hoja de cálculo de información del participante.

11. Lista de contactos: Genere una lista de contactos a partir de la hoja de cálculo de información del participante, seleccionando las columnas relevantes (es decir, nombre, correo electrónico o número de teléfono, organización). Imprima la lista de contactos antes o durante la sesión. Pida a las personas que verifiquen que su información sea correcta y que su nombre aparezca de la forma en que quieren que aparezca en su Certificado (orden de nombres, ortografía, títulos, mayúsculas). Pídales que escriban sus iniciales al lado de su nombre para indicar su permiso para compartir sus datos de contacto con los demás participantes. Ingrese las correcciones, elimine cualquier información que no haya sido aprobada para compartir, luego haga copias y distribúyalas a los participantes antes del final de la capacitación.

12. Certificados: Descargue los certificados de Facilitador y de Participación del sitio web del facilitador de THI y envíelos al anfitrión (véanse ejemplos en el Apéndice). Determinen juntos cuándo y cómo se imprimirán los certificados. (Consulte "Responsabilidades del anfitrión, 7. Certificados" para obtener una descripción de cómo ingresar los detalles de la sesión en el archivo del certificado).

Si un Facilitador Máster decide certificar a uno o más de los cofacilitadores como Facilitador Máster en Entrenamiento o Facilitador Máster, modifique e imprima el certificado.

13. *Mentores:* asigne un mentor a cada facilitador aprendiz, regístrelo en la hoja de cálculo de información del participante, comunique las asignaciones de mentoría a los participantes y asegúrese de que los mentores y aprendices estén de acuerdo con las responsabilidades de cada uno (véase Lecciones de capacitación inicial, N. Mentoría). Generalmente, el mentor es uno de los miembros del equipo que ha capacitado al facilitador. Por ejemplo, si hay tres facilitadores, los participantes pueden dividirse entre los facilitadores.

Los mentores deben mantenerse en contacto con sus facilitadores, animándoles y asegurándose de que tengan lo que necesitan para tener éxito, y facilitando junto a ellos de vez en cuando, si fuera posible. Las aplicaciones de redes sociales como WhatsApp o Messenger son una buena forma de mantenerse en contacto.

14. *Reunión de retroalimentación:* Reúnese con los cofacilitadores para evaluar la sesión. Converse sobre los logros y desafíos generales. Lean juntos los formularios de comentarios de los participantes y tomen nota de los temas y cambios que deben realizarse la próxima vez.

Informe al anfitrión, que también debe leer los formularios de comentarios de los participantes.

15. *Informes:* Ingrese los detalles de la capacitación en la plataforma de informes de THI, junto con los detalles de cada participante (dirección de correo electrónico, mentor, nivel de certificado, los datos de la sesión de capacitación en que se certificó y comentarios). El nivel de certificación del participante determina a qué materiales pueden acceder en el sitio web del facilitador.

Si hubo condiciones impuestas al participante, como "necesita colaborar con un facilitador más experimentado durante la práctica de facilitar los grupos para sanar", asegúrese de incluir esto en el campo "Comentarios".

Horarios de las sesiones de capacitación inicial

El horario ayuda a estructurar una sesión. Se trata solo de una guía. En las reuniones con el equipo, analice cómo se desarrolla el grupo y determine qué es necesario. A menudo, esto no se puede saber de antemano, por lo que es posible que sea necesario ajustar el horario a medida que avanza.

Ciertas lecciones durante una sesión inicial de capacitación son las mismas lecciones que se cubren durante un grupo para sanar. Estas son las lecciones de *Sanar las heridas del corazón*. El resto de las lecciones son exclusivas de una sesión de preparación, que capacita a los participantes para liderar grupos para sanar y los orienta hacia el programa de Sanidad del Trauma.

Las sesiones iniciales de capacitación duran idealmente de cuatro a cinco días. No se recomiendan las capacitaciones de tres días, ya que tienden a minimizar la sanación y el proceso de aprendizaje de los participantes. La sesión debe incluir el siguiente contenido, por un mínimo de 20 horas (sin incluir descansos y comidas):

- Bienvenida y orientación (45 min)
- Las lecciones principales: Sesión de bienvenida, Sufrimiento, Heridas del corazón, Sanidad, Duelo, Llevar el dolor a la cruz, Perdón, Mirando atrás (12 horas)
- Prueba (30 min)
- Introducción a la *Guía del facilitador de grupos para sanar*; resumen del programa (método, modelo y materiales del programa del Instituto de Sanidad del Trauma, Convertirse en un facilitador) (45 min)
- Cómo facilitar los grupos (45 min)
- La práctica de facilitación, incluida la orientación (2 h 15 min)
- Organizar un grupo para sanar (1 h)
- Sitio web de THI (15 min)
- Plan de acción (1 h)
- Ceremonia de clausura (30 min)

Para obtener una descripción de cada una de estas lecciones, consulte "Lecciones de capacitación inicial" en la siguiente sección.

En algunos contextos, es mejor hacer la lección de Sufrimiento después de las lecciones de Heridas del corazón, Sanar y Duelo. Con los inconversos o los participantes que no están familiarizados con la Biblia, la lección de Sufrimiento puede parecer un estudio bíblico y no logra involucrarlos. Una vez que se han conectado con el material de las lecciones de Heridas del corazón y Sanar, es más probable que encuentren relevante la lección de Sufrirmiento.

Si el tiempo lo permite, agregue lecciones opcionales en las que los facilitadores hayan sido capacitados.

Si los participantes han asistido recientemente a un grupo para sanar dirigido por facilitadores calificados (aquellos que han completado una sesión de capacitación avanzada y que están certificados como Facilitador de Grupo para sanar, Facilitador de Capacitación, Facilitador Máster en Entrenamiento o Facilitador Máster), pueden asistir a la sesión "Convertirse en un facilitador" para orientarse al programa de Sanidad del Trauma y capacitarse para liderar grupos para sanar (véase ejemplo de horario a continuación). Se recomienda consultar con un facilitador del grupo al que asistió el participante para confirmar la conveniencia de capacitarlo como facilitador.

Si tiene un grupo muy grande en una capacitación, o si los participantes necesitan más tiempo para comprender conceptos, o para procesar su trauma, necesitará más tiempo para cada tema.

Si ha compartido algunos temas "pesados", termine el día con algo más liviano, para no dejarlos sintiéndose mal. Y nunca cubra más de tres lecciones en un día, para que los participantes tengan tiempo de procesar lo que han experimentado. Tenga cuidado de no abrumar a los participantes con la cantidad de dolor que se les pide que procesen. Es mejor cubrir menos material que abarcar más y que el resultado no sea el esperado.

Se puede usar el tiempo devocional para compartir personalmente en grupos pequeños, acompañado de un pasaje de las Escrituras. Esto ayuda a los participantes a sentirse más cómodos compartiendo durante las lecciones. También puede programar tiempo adicional para compartir historias personales por la noche o en otro momento.

Modelo de programa de 4 días para la capacitación inicial

El orden en que se presentan las lecciones opcionales debe seguir las instrucciones de la *Guía del facilitador,* ajustando el horario para insertar las lecciones opcionales donde se recomienda.

Fuente en negrita = contenido de grupo para sanar

DÍA 1

8:30–8:45	Bienvenida
8:45–9:00	Devocional y cantos
9:00–9:30	Orientación
9:30–9:50	Introducción a *Sanar las heridas del corazón* y **Sesión de bienvenida**
9:50–10:05	Receso
10:05–12:00	**Si Dios nos ama, ¿por qué sufrimos?**
12:00–1:00	Almuerzo
1:00–2:30	**¿Qué es una herida del corazón?**
2:30–3:00	Receso
3:00–5:00	**¿Qué puede ayudar a sanar las heridas de nuestro corazón?**
5:00–5:15	Clausura

Tarea: Leer las lecciones de hoy día

DÍA 2

8:30–8:45	Devocional y cantos
8:45–10:00	**¿Qué sucede cuando alguien está de duelo?** (Secciones 1–5)
10:00–10:30	Receso
10:30–11:30	**¿Qué sucede cuando alguien está de duelo?** cont. (Ejercicio del lamento)
11:30–1:00	Almuerzo y receso
1:00–2:45	**Lección opcional**
2:45–3:15	Receso
3:15–4:45	**Llevar nuestro dolor a la cruz**
4:45–5:00	Clausura

Tarea: Leer las lecciones de este día y estudiar para la prueba

DÍA 3

8:30–8:45	Devocional y cantos
8:45–9:55	**¿Cómo podemos perdonar a los demás?** (Secciones 1–3)
9:55–10:10	Receso
10:10–11:00	**¿Cómo podemos perdonar a los demás?** cont.
11:00–12:00	**Lección opcional**
12:00–1:00	Almuerzo
1:00–1:45	**Leccíon opcional** cont.
1:45–2:15	**Mirando hacia atrás**
2:15–3:00	*Guía del facilitador de grupos para sanar* y resumen del programa
3:00–3:45	Facilitar los grupos
3:45–4:00	Receso
4:00–4:30	Prueba
4:30–5:15	Orientación a la práctica de facilitación

Tarea: Leer las lecciones de este día y preparar para la práctica de facilitación

DÍA 4

8:30–8:45	Devocional y cantos
8:45–9:15	Entrega de pruebas y revisión de notas
9:15–10:45	La práctica de facilitación
10:45–11:15	Receso
11:15–12:15	Organizar un grupo para sanar
12:15–1:45	Almuerzo y conversaciones sobre la certificación
1:45–2:00	Sitio web de THI
2:00–3:00	Plan de acción
3:00–3:15	Mentoría
3:15–3:25	Cultivar nuestra comunidad de práctica
3:25–3:40	Preguntas y respuestas
3:40–3:50	Orar con los grupos de mesa
3:50–4:00	Formulario de comentarios de los participantes
4:00–4:30	Ceremonia de clausura y foto grupal

Nota: Hemos encontrado que los facilitadores aprendices llegan a ser mejor preparados para facilitar grupos para sanar de manera participativa cuando tienen la oportunidad de poner en práctica inmediatamente la retroalimentación de su primera práctica de facilitación. Consulte el apéndice, página 104, para ver un horario ajustado, que permite 2 sesiones de práctica.

Aunque es recomendado hacer una sesión de capacitación en cuatro o cinco días, a veces las personas con deseos de capacitarse para liderar grupos para sanar no pueden dejar su trabajo por tanto tiempo. Se puede llevar a cabo una sesión de capacitación durante dos fines de semana o, si fuera necesario, como un retiro de fin de semana largo. Consulte el apéndice, página 105, para ver un horario de muestra.

Modelo de horario para la sesión Convertirse en facilitador

(Para participantes que hayan asistido recientemente a un grupo para sanar dirigido por facilitadores calificados)

DÍA 1

5:00–5:15	Bienvenida
5:15–5:30	Devocional y cantos
5:30–6:00	Orientación
6:00–6:45	*Guía del facilitador de grupos para sanar* y resumen del programa
6:45–7:00	Receso
7:00–7:45	Facilitar los grupos
7:45–8:15	Orientación a la práctica de facilitación
8:15–9:00	Repasar las lecciones y entregar la prueba para hacer en casa

Tarea: Preparar para la práctica de facilitación, hacer la prueba

DÍA 2

8:30–8:45	Devocional y cantos
8:45–10:15	La práctica de facilitación
10:15–10:30	Receso
10:30–11:00	Recopilar las pruebas y revisar las respuestas correctas
11:00–12:00	Organizar un grupo para sanar
12:00–1:00	Almuerzo
1:00–1:15	Sitio web de THI
1:15–1:30	Informes de grupos para sanar
1:30–2:30	Planes de acción
2:30–2:45	Mentoría
2:45–2:55	Cultivar nuestra comunidad de práctica
2:55–3:15	Preguntas y respuestas
3:15–3:30	Orar con los grupos de mesa
3:30–3:40	Formulario de comentarios de los participantes
3:40–4:00	Ceremonia de clausura y foto grupal

Lecciones de capacitación inicial

A. Bienvenida (15 min)

La persona indicada de la organización anfitriona da la bienvenida a los participantes en nombre de la organización anfitriona. Expresan sus esperanzas por el impacto que tendrá la capacitación sobre la vida de los participantes y las comunidades.

B. Devocional y cantos (15 min)

Canten algunas canciones de adoración y haga que un facilitador o un miembro de la organización anfitriona da un breve devocional.

C. Orientación (30 min)

Presente una visión general de la historia del programa de Sanidad del Trauma (Apéndice, página 93) y del propósito de la capacitación, utilizando los puntos de conversación a continuación. Revise el programa de la capacitación. Haga que los participantes se presenten y compartan sus esperanzas y expectativas para la capacitación. Mencione la certificación basada en competencias, como una forma de ayudar a gestionar las expectativas de los participantes. (Véase, en el sitio web del facilitador de THI la plantilla en PowerPoint de la Sesión Informativa, que puede adaptar a su contexto).

Puntos de conversación:

- *Sanar las heridas del corazón* está diseñado para ayudar a las personas a conectar la Biblia y los principios básicos de salud mental. Estos principios se expresan intencionalmente en un lenguaje ordinario que todos puedan entender.
- El diagrama del viaje de sanidad (al frente de este manual) ilustra los pasos de este programa.
- Es posible que sienta que necesita ajustar algunas cosas para su comunidad. Hable con su mentor sobre la contextualización.
- Aprendemos mejor a través de la experiencia, por eso usamos un enfoque participativo. Además, no estamos aquí solo para aprender nueva información sino para procesar el impacto de nuestras experiencias difíciles para poder sanar.
- La primera parte de la sesión se centra en vivenciar los materiales de Sanidad del Trauma. La segunda parte se enfoca en cómo guiar a un grupo pequeño a través del proceso de sanidad. Nos referimos a estos pequeños grupos como "grupos para sanar".
- Se entregarán dos tipos de certificados a quienes hayan asistido a **todas** las sesiones. El certificado de Facilitador Aprendiz se otorgará a aquellos que continuarán en el proceso de capacitación para obtener la certificación como Facilitador de grupos para sanar. El certificado de Participación se otorga a aquellos que no continuarán en este momento con el proceso de capacitación, ya sea por su propia elección o la evaluación del equipo

facilitador. Nos tomamos en serio el proceso de certificación, porque nuestro objetivo es no dañar a quienes buscamos ayudar, ni a nosotros mismos.

- Si el tiempo lo permite: los principios del bienestar (Apéndice, página 87) pueden ayudarnos a comprender el impacto del trauma.

Dé a los participantes la oportunidad de firmar el formulario de autorización grupal.

D. Sesión de bienvenida y introducción a *Sanar las heridas del corazón* (20 min)

Distribuya a los participantes copias del libro del participante, *Sanar las heridas del corazón,* si es que lo va usar. Explíqueles que vivirán las lecciones de este libro durante la capacitación. Estas son las mismas lecciones que facilitarán a las personas después de la sesión, si están certificadas para hacerlo. Esto es lo que llamamos grupo para sanar. Durante esta capacitación pueden visualizar a las personas de su grupo de mesa como miembros de su grupo para sanar. (Un grupo para sanar es mucho más pequeño que una capacitación).

En lugar del libro del participante puede compartir la *Guía complementaria de las Escrituras.*

En cualquier caso, pídales que sigan sus instrucciones con respeto al uso de los materiales. Es importante que experimenten las lecciones y conversen el material antes de leerlo.

Realice la sesión de Bienvenida de la guía del facilitador: compartan nombres y expectativas y establezcan compromisos grupales. Si no se menciona la confidencialidad como regla básica, indíquelo. (Véase "Confidencialidad" en el Apéndice para entender mejor este tema).

E. Lecciones del grupo para sanar

Guíe a los participantes a través de las seis lecciones principales de *Sanar las heridas del corazón* así como de la clausura, "Mirar hacia atrás" y de todas las lecciones opcionales para las que tenga tiempo durante la sesión. Asegúrese de mencionar el título y los objetivos al comenzar cada lección y revíselos al concluir la lección. Recuerde, **no cubra más de tres lecciones básicas en un día.**

Si la sesión de capacitación se está presentando en línea, o si los participantes desean facilitar grupos para sanar en línea, hable sobre las diferencias entre realizar grupos para sanar presencial y virtual. Mencione que los grupos cara a cara generalmente son más efectivos para crear el sentido de comunidad que ayuda a las personas a sanar. Si organizan grupos en línea, deben mantener los grupos pequeños y esforzarse por crear una conexión entre los participantes.

F. Introducción a la *Guía del facilitador de grupos para sanar* y resumen del programa (45 min)

Distribuya la *Guía del facilitador de grupos para sanar* a los participantes. Explique que contiene todas las instrucciones que necesitarán para facilitar a las personas a través de las lecciones de un grupo para sanar. Oriéntelos sobre el diseño y el contenido.

Cubra la sección "Resumen del programa de Sanidad del Trauma" en la *Guía del facilitador de grupos para sanar,* incluido las páginas 187–190.

- Instituto de Sanidad del Trauma
- Método del Instituto de Sanidad del Trauma

- Modelo de programa del Instituto de Sanidad del Trauma
- Materiales del Instituto de Sanidad del Trauma
- Convertirse en un facilitador de Sanidad del Trauma

G. Facilitar los grupos (45 min)

Cubra la sección "Facilitar los grupos" en la *Guía del facilitador de grupos para sanar*:

1. Aprendizaje participativo, incluido el diagrama "El modelo básico para el aprendizaje participativo".
2. Usar bien las ayudas visuales.
3. Manejo de la dinámica de grupo. Utilice la siguiente dramatización para cubrir este contenido.

DRAMATIZACIÓN DE LA DINÁMICA DE GRUPO:

De antemano, pida en privado a cinco o seis personas que desempeñen los roles de comportamientos problemáticos en grupos ("Manejo de la dinámica de grupos", página 88). Es mejor que nadie desempeñe los roles de Abrumador y Ofensivo, ya que al hacerlo, pueden lastimar a alguien que es sensible; hable sobre esos tipos con el grupo cuando analice la representación. Por separado, pida a una persona que haga el papel de facilitador que enseña una sección del libro, por ejemplo, herida física/herida del corazón. Para este papel, elija a alguien que sea bondadoso y flexible.

Haga que los voluntarios se sienten en medio de la sala con los demás participantes parados alrededor. El facilitador trata de liderar y los demás representan sus personajes. Deténgase después de 5 a 10 minutos. Asegúrese de demostrar respeto por cada uno de los tipos de personas que se ilustran en la dramatización.

Haga que el grupo hable sobre las siguientes preguntas respecto a cada participante en la dramatización:

- ¿Cuál fue su problema?
- ¿Cómo trataría a este tipo de personas en un grupo para sanar? Consulte la tabla para obtener ideas.

Recuerde al grupo que el trauma puede crear o contribuir a estos tipos de comportamiento. Debemos estar conscientes de nuestra responsabilidad de guardar un espacio seguro para cada persona del grupo, mostrando siempre el respeto y el amor de Cristo.

H. Orientación a la práctica de facilitación (45 min)

Explique el ejercicio de la práctica de facilitación, refiriéndose a la *Guía del facilitador de grupos para sanar*. Dedique tiempo a conversar sobre el beneficio de la retroalimentación: cuán necesario es para comprender nuestro impacto. Mencione que el objetivo es promover la eficacia de todos como facilitadores y explique el proceso de retroalimentación que experimentarán durante este ejercicio.

Decida si cada grupo de práctica debe trabajar con un facilitador o si hay participantes que podrían liderar un grupo pequeño en el que también practicarán la facilitación. Esto determina el número de grupos necesarios. Cuente los participantes para formar grupos del número deseado.

(Al usar un horario de muestra, será necesario hacer ajustes si los grupos tienen más de 4 o 5 personas). Coloque a los participantes en estos grupos en mesas separadas.

Estos serán los grupos en los que realizarán su práctica de facilitación, con una persona como "facilitador" y las otras como "participantes del grupo para sanar". Separe las mesas o coloque algunos grupos en otras salas disponibles, para que puedan practicar al mismo tiempo sin distraer a los demás.

Haga que cada persona seleccione una de las seis preguntas sugeridas en su *Guía del facilitador* para la práctica de facilitación de 10 minutos (consulte "Ejercicio de la práctica de facilitación, Preparación"). Cada persona del grupo pequeño debe seleccionar una pregunta diferente. Explique que para prepararse para la práctica de facilitación, deben consultar la sección de la lección indicada después de la pregunta.

Si necesita más preguntas para elegir, las siguientes le pueden funcionar bien:

- ¿Qué dice la Biblia sobre las siguientes enseñanzas? (Lección de Sufrimiento, sección 3B; elija una o dos de las tres enseñanzas)
- ¿Qué les enseña la cultura a las personas que hagan con sus emociones cuando están sufriendo por dentro? (Lección sobre Heridas del corazón, sección 3)
- Al leer los versículos a continuación, considere las siguientes preguntas (Lección sobre las Heridas del corazón, sección 3; elija uno o dos versículos)
- ¿Qué tipo de pérdidas sufrimos? (Lección de Duelo, sección 2)
- ¿Qué dice su cultura o familia acerca de que los hombres lloren? ¿Sobre las mujeres? ¿De qué manera estas creencias ayudan u obstaculizan el duelo de las personas? (Lección de Duelo, sección 4B)
- ¿Qué hicieron o dijeron los amigos de Job que fue útil? ¿Qué hicieron o dijeron que no fue útil? (Lección de Duelo, sección 4C)
- Por lo general, ¿cómo ayuda su cultura a los que sufren? ¿Qué costumbres son útiles? ¿Cuáles no son útiles? ¿Qué tradiciones están de acuerdo con las Escrituras? (Lección de Duelo, sección 5)
- Algunas personas continúan sintiendo culpa, vergüenza y remordimiento incluso después de hacer todo lo que deberían hacer para arrepentirse y restaurarse. ¿Por qué cree que es esto? (Lección del Perdón, sección 5B)

Recuérdeles que cada una de las selecciones sigue el modelo de aprendizaje participativo "Preguntar, Participar, Escuchar, Agregar". Su enfoque no debe estar en cuán creativos o elocuentes pueden ser, sino en cuánto permiten que las personas de su grupo participen.

Deles tiempo para preparar su ejercicio usando la plantilla en la *Guía del facilitador de grupos para sanar* (véase el Apéndice, Ejercicio de la práctica de facilitación de capacitación inicial, página 110). Los facilitadores deben recorrer la sala respondiendo preguntas.

I. La práctica de facilitación (20 min por persona, en grupos pequeños)

Asigne a uno de los miembros del equipo de facilitación para que dirija cada grupo. Si no hay suficientes facilitadores en el equipo, seleccione algunos participantes que ya tengan habilidades para facilitar grupos. Oriente a estos líderes para que utilicen el siguiente proceso:

- Recuerde al grupo que este es un ejercicio para mejorar las habilidades de facilitación y obtener comentarios útiles.
- Haga que el grupo se turne para presentar.
- Detenga cada presentación después de diez minutos (los cronómetros de teléfonos celulares funcionan bien para esto).
- Luego haga que el facilitador que presentó responda a dos preguntas:

    1. ¿Qué cree que salió bien?
    2. ¿Qué podría hacer diferente la próxima vez?

- Luego pida al grupo que dé su opinión utilizando estas mismas preguntas.
- Tomar notas de las afirmaciones y sugerencias.
- Si el líder de la sesión de práctica también es un participante, debe pedirle a otra persona del grupo que dirija la evaluación de su práctica.
- Evaluar en privado las habilidades de la persona que facilitó con la escala que está en la *Guía del facilitador de grupos para sanar*.
- Al final del ejercicio, presentar las evaluaciones al facilitador principal de la sesión de capacitación.

J. La prueba (30 min)

Se puede realizar la prueba a libro cerrado, a libro abierto o bien una prueba para hacer en casa. En cualquiera de las tres formas, los participantes deben realizarlo solos, no hacerlo con otros participantes. Todas estas opciones ayudan a reforzar el aprendizaje del contenido del programa, que es el objetivo.

Una vez que haya calificado las pruebas, devuélvalas a los participantes, para que las puedan revisar ellos mismos. Asegúrese de recolectar las pruebas después.

Para las sesiones de "Convertirse en facilitador" que se realizan en dos días, no habrá tiempo para calificar las pruebas que hacen en casa. Recopile las pruebas y luego revise las respuestas correctas con el grupo para reforzar la información. Califique las pruebas más adelante y comuníquese con aquellos que no se desempeñaron bien, para alentarlos a aprender mejor el material antes de facilitar un grupo para sanar.

K. Organizar un grupo para sanar (60 min)

Guíe a los participantes a través de la sección "Organizar un grupo para sanar" de la guía del facilitador.

Antes de iniciar el grupo (15 min)

    A. Obtener autorización
    B. Formar el grupo
    C. Establecer el horario para el grupo
    D. Preparar las lecciones
    E. Prepararse bien para cuidar a sus participantes

Durante (15 min):

    A. Organizar el espacio

    B. Administrar el tiempo

    C. Clausura

Después (30 min):

    A. Reunión de retroalimentación con el cofacilitador

    B. Reportar el grupo para sanar

    C. Recopilar testimonios

Señale la lista de verificación del grupo para sanar en el Apéndice de la *Guía del facilitador de grupos para sanar* para revisar las responsabilidades del facilitador y explicar cómo la lista puede ayudarlos antes, durante y después de su grupo para sanar (la lista de verificación también está en el apéndice de este manual, página 114).

Los facilitadores pueden compartir sus experiencias personales organizando grupos para sanar y luego dar tiempo para preguntas. También puede ser útil hacer que los participantes representen o dramaticen una conversación con un pastor para obtener autorización o una conversación con un participante potencial para explicar el grupo para sanar.

Los participantes también pueden ayudarse con el documento "Comparación entre un grupo para sanar y una capacitación" (descargable del sitio web del facilitador de THI).

Si no hay otro facilitador con quien un facilitador aprendiz pueda codirigir un grupo para sanar, el facilitador aprendiz puede mantenerse en estrecho contacto con su mentor mientras se prepara y dirige su grupo, y puede elegir a un amigo que tenga un don en el cuidado y ayuda de las personas, y primero repasar las lecciones con ese amigo.

L. Sitio web del Instituto de Sanidad del Trauma (15 min)

Guíe a los participantes a través de la descripción general del sitio web de THI y el proceso de creación de una cuenta protegida con contraseña en el sitio web, como se describe en la *Guía del facilitador de grupos para sanar*. Resalte los recursos tanto en el sitio web como en la página del facilitador, que serán más útiles para los participantes. Señale las ayudas para liderar grupos para sanar en línea. Luego enseñarles dónde y cómo ingresar los informes de grupos para sanar.

M. Plan de acción (60 min)

Guíe a los participantes a través del plan de acción en la *Guía del facilitador de grupos para sanar* (página 208). Diga a los participantes quién será su mentor y comparta la información del mentor con los participantes.

Haga que los participantes formen grupos con otros participantes de la misma iglesia, organización o ubicación. Aquellos que no tengan compañeros ministeriales en la capacitación pueden formar un grupo juntos.

Pídales que planifiquen cómo usarán lo que han aprendido a través de liderar grupos para sanar. Utilice las preguntas proporcionadas.

Haga que los participantes presenten sus planes al grupo grande y les den su opinión. Ore para que Dios les guíe y ayuda en realizar sus planes.

N. Mentoría (15 min)

Haga que los mentores se reúnan con sus aprendices y decidan cómo les gustaría mantenerse en comunicación entre ellos (WhatsApp, Messenger, correo electrónico, mensajes de texto, etc.). Pídales que se pongan de acuerdo sobre las responsabilidades que tienen entre ellos. Por ejemplo, los mentores pueden comprometerse a ponerse en contacto con los aprendices en determinados intervalos. Los aprendices pueden comprometerse a compartir con su mentor antes de comenzar un grupo para sanar, de modo que el mentor pueda dar su opinión sobre el horario previsto y orar por ellos.

O. Cultivar nuestra comunidad de práctica (10 min)

Distribuya la lista de contactos.

Hablar con el grupo sobre cómo les gustaría mantenerse en contacto, ya sea en reuniones presenciales, reuniones en línea o llamadas telefónicas.

P. Orar con los grupos de mesa (10 min)

Dé a los participantes la oportunidad de orar con su grupo de mesa, ya que este ha sido el equivalente a su grupo para sanar y habrán formado una relación cercana entre ellos.

Q. Formulario de comentarios de los participantes (10 min)

Pida a los participantes que llenen el formulario de comentarios de los participantes (véase un ejemplo en el Apéndice, página 122).

R. Ceremonia de clausura (30 min)

La duración y el contenido de la ceremonia de clausura de una sesión de capacitación dependen de la cultura local. Puede ser un cierre breve e informal o un evento más largo con discursos, testimonios y oraciones. Se puede invitar a otras personas. Siempre incluya la entrega de certificados. Para evitar causar vergüenza, los certificados se distribuyen sin leer el tipo de certificado entregado.

La ceremonia de clausura es una buena oportunidad para tomar una foto grupal (asegúrese de que todos en la foto hayan firmado el formulario de autorización grupal).

La ceremonia termina la sesión de capacitación con una oración de bendición a los ministerios de los participantes.

DIRIGIR LAS SESIONES DE CAPACITACIÓN AVANZADA

Dirigir las sesiones de capacitación avanzada

Para participar en una sesión de capacitación avanzada, los participantes deben haber asistido a la sesión inicial y haber facilitado al menos dos grupos para sanar, que cubran al menos las lecciones principales. La sesión avanzada fortalece las habilidades adquiridas de los participantes en la sesión inicial y durante la práctica y ofrece contenido adicional para enriquecer la comprensión de los facilitadores de la experiencia de la Sanidad del Trauma.

Al final de la sesión de capacitación avanzada, los participantes podrán:

1. Resolver de mejor manera los problemas que pueden surgir mientras llevan a cabo su ministerio de Sanidad del Trauma.
2. Enseñar los materiales con habilidad.
3. Facilitar sesiones de forma participativa.
4. Modelar de forma hábil el cuidado de las personas traumatizadas.
5. Planificar la implementación del programa.
6. Informar sobre sus actividades de forma segura y apropiada.

Al final de la sesión avanzada, los participantes que demuestran las competencias necesarias serán certificados como Facilitador de Grupos para sanar o Facilitador de Capacitación. Es importante considerar cuidadosamente si el participante está preparado para entrenar a otros —no solo sus habilidades sino también su conocimiento del programa. La mayoría de los participantes en una capacitación avanzada deben estar certificados como Facilitadores de Grupos para sanar.

Aquellos que muestren potencial para convertirse en entrenadores del programa pueden ser invitados a ayudar con una capacitación inicial, para continuar el desarrollo de su conocimiento y habilidades, y para dar a los entrenadores experimentados más oportunidades de evaluar sus capacidades. En casos excepcionales, los participantes que demuestren competencias fuertes pueden ser certificados como Facilitadores Máster en Entrenamiento.

Las personas involucradas

Una sesión de capacitación avanzada involucra el mismo tipo de personas que una sesión de capacitación inicial: anfitrión, equipo de facilitadores y participantes. Sin embargo, hay algunas diferencias importantes:

- Al menos un miembro del equipo debe ser un Facilitador Máster.
- El número máximo de participantes es 20.
- Hay requisitos previos para los participantes: todos los participantes deben haber asistido previamente a una sesión de capacitación inicial y codirigido al menos dos grupos para sanar.

Anfitrión

La organización anfitriona asigna a una o más personas para brindar apoyo administrativo a la sesión. Trabajan con el facilitador principal. Necesitan una copia de al menos esta sección del *Manual avanzado del facilitador* para prepararse para la sesión.

El anfitrión también debe identificar:

- Una persona de comunicaciones para tomar fotos/videos (incluida la foto grupal) y, si correspondiere, obtener entrevistas e historias.
- Al menos un líder de alabanza.

Equipo de facilitadores

- Facilitador principal, que debe ser un Facilitador Máster
- Cofacilitadores: por lo menos uno, pero aproveche la oportunidad de mentorear a varios, dándoles algunas responsabilidades en la sesión

Participantes

El grupo puede tener un máximo de 20 participantes. Parte de la capacitación implica separarlos en dos grupos, con un facilitador al frente de cada grupo. Si estos subgrupos tienen más de 10 participantes cada uno, comprometería la calidad de la capacitación. (Si se desean más de 20 participantes, haga arreglos para tener dos Facilitadores Máster y dos cofacilitadores, y sepárelos en dos capacitaciones diferentes, cada uno dirigido por un Facilitador Máster y un cofacilitador. Las comidas se pueden llevar a cabo juntas, pero las sesiones de capacitación deben ser separadas).

Los participantes deben cumplir con los siguientes requisitos:

- Haber asistido previamente a una sesión de capacitación inicial y haber sido certificado como Facilitador Aprendiz.
- Haber codirigido al menos dos grupos para sanar (la práctica) e ingresado el informe del grupo para sanar en el sitio web del facilitador de THI o enviado el informe del grupo para sanar al Instituto de Sanidad del Trauma para cada uno.
- Dominar el idioma de instrucción de la sesión de capacitación.
- Tener disponibilidad para asistir a **todas** las sesiones.
- Tener al menos 18 años.
- Estar comprometido a ayudar a los sobrevivientes de trauma y ser capaz de dedicar tiempo a la Sanidad del Trauma.
- Ser capaz de enseñar a otros a gestionar el bienestar personal, trabajar en equipo, aprender a liderar grupos de forma participativa.
- Ser capaz de recibir retroalimentación sin ponerse a la defensiva.
- Tener buena reputación para enseñar a otros en la comunidad.
- Ser parte de un equipo de al menos dos personas de su organización, iglesia o área, idealmente de ambos sexos (liderarán grupos para sanar y capacitaciones juntos en lugar de hacerlo solos).

Responsabilidades del anfitrión

El facilitador principal puede compartir una lista de verificación con las siguientes responsabilidades.

Antes de la sesión de capacitación

1. *Presupuesto:* En consulta con el facilitador principal, prepare un presupuesto para la capacitación. Consulte la plantilla a continuación para ver las categorías a incluir. El facilitador principal le enviará una hoja de cálculo presupuestaria detallada.

ARTÍCULO	COSTO UNITARIO	#	COSTO TOTAL
Alojamiento		X	
Comidas y refrigerios		X	
Materiales (véase el #6 a continuación)		X	
Instalaciones		X	
Transporte del participante (si fuera necesario)		X	
Viajes y visas del personal		X	
Transporte local		X	
Fondos del ministerio para los participantes (si fuera necesario)		X	
Administración		X	
Contingencias		X	
TOTAL		X	

2. *Instalaciones:* Identifique una instalación de precio accesible para albergar al grupo y reserve las fechas con mucha anticipación. La instalación debe tener una sala de reuniones grande y otra para acomodar a un máximo de diez participantes y un facilitador, y una provisión para servir refrigerios y la comida del mediodía. El acceso a Internet es muy útil. Si la sesión es tipo retiro, la instalación debe proporcionar atención completa (habitaciones y comidas). Si la sesión no es residencial, recomiende opciones de hospedaje en el área para quienes lo necesita. Haga arreglos para cualquier dieta especial.

Dependiendo del número de participantes, organice una mesa (ya sea rectangular o circular) por cada cuatro a seis participantes, además de una mesa de registro, una mesa de facilitador, un atril y ayudas audiovisuales. (Consulte con el facilitador principal para obtener más detalles).

3. *Invitaciones:* Prepare una invitación (en versión papel, electrónica o ambos) que brinde información básica, incluyendo fechas, objetivos, quién debe asistir, requisitos previos, ubicación, idioma(s) de instrucción, personal, patrocinadores, tarifa de inscripción y lo que incluye, información de pago,

información de hospedaje y formulario de registro. (El facilitador principal puede proporcionar una invitación de muestra).

Conseguir que vengan las personas adecuadas es una de las tareas más importantes y requiere esfuerzo. Es crucial que cada participante haya asistido previamente a una sesión de capacitación inicial y haya dirigido al menos dos grupos para sanar, ya que el enfoque de la capacitación es compartir su experiencia en el grupo para sanar y fortalecer las habilidades que adquirieron en la capacitación inicial. Por lo tanto, es mejor enviar la invitación solo a personas que cumplan con estos requisitos.

El anfitrión y el facilitador principal deben coordinarse entre sí con respecto a la publicación del evento en el sitio web de THI.

Comuníquese con los inscritos por teléfono o correo electrónico unos días antes de la sesión para recordarles la hora de inicio, la ubicación y cualquier otro detalle pertinente. (El facilitador principal puede querer incluir algunos detalles en el mensaje).

4. *Información del participante y hoja de cálculo:* Si se utilizará la inscripción en línea para la capacitación, consulte con el facilitador principal para configurarla. Durante el proceso de registro, recopile la misma información que se necesitará en la hoja de cálculo de información del participante. Tanto el anfitrión como el facilitador principal podrán ver la lista de registro en cualquier momento y exportar la información del participante a una hoja de cálculo.

Si no se utilizará el registro en línea, el facilitador principal enviará al anfitrión una copia digital o impresa del formulario de información del participante o la hoja de cálculo de información del participante. Reúna esta información sobre cada participante como parte del proceso de registro. Si no es posible obtener la información del participante antes de la sesión, consígala cuando llegue la gente e introdúzcala en la hoja de cálculo lo antes posible.

Cuando los participantes se registren, confirme que hayan liderado dos grupos para sanar y que sus informes de grupos para sanar se hayan ingresado en la plataforma de informes de THI. Si no han ingresado sus informes, pídales que se los envíen, para que pueda reenviarlos al facilitador principal. No incluya participantes en la lista de registro si no han cumplido con estos requisitos. Si más personas de las que puede acomodar quieren registrarse, mantenga una lista de espera. A menudo, algunas personas cancelan su participación.

Los facilitadores necesitan ver las inscripciones a intervalos antes de la sesión, para que puedan revisar los registros de los grupos para sanar, ajustar el horario a las necesidades del grupo, orar por los participantes y conocer sus nombres. Luego, en la sesión, los facilitadores se quedan con la copia de la hoja de cálculo del participante. El anfitrión continúa organizando los detalles de la vivienda, la comida y el pago por separado.

5. *Transporte:* Trabaje con los participantes y el equipo para organizar el transporte (obtener horarios/vuelos de llegada y salida).

6. *Materiales:* Reúna todos los materiales necesarios, en consulta con el facilitador principal:

- *Manual avanzado del facilitador.* Una copia por participante.
- Copias del informe del grupo para sanar, si alguno de los participantes no ha presentado sus informes por adelantado.
- Autorización grupal para fotografías y grabaciones.
- Autorización individual para testimonios, fotografías y grabaciones.

- Tarjetas para nombres de los participantes (escriba los nombres lo suficientemente grande para verlos fácilmente).
- Un bolígrafo para cada participante.
- Una carpeta para que cada participante pueda guardar los papeles.
- Papel de rotafolio y marcadores.
- Una resma de papel.
- Cinta adhesiva.
- Un par de tijeras.
- Medicamentos, si la capacitación se realiza en una zona sin buenas farmacias.
- Si es requerido por el facilitador principal:
  - Para la lección de Llevar el dolor a la cruz: una simple cruz de madera, pero grande, posiblemente con martillo y clavos
  - Para la lección del Perdón: una cuerda o cordón de al menos dos metros de largo
  - Para el ejercicio de las botellas bajo el agua: una tina o recipiente y cinco o seis botellas de agua vacías
  - Pañuelos faciales (una caja por mesa)
  - Hojas de canciones o diapositivas de PowerPoint (analícelo con el facilitador principal)
  - Una campana (para señalar el final de las actividades)
- Formulario de información del participante o la hoja de cálculo de información del participante, si no es parte del proceso de registro (el facilitador principal enviará los archivos).
- Certificados impresos en papel más pesado (28 lb o 90 g), una hoja por participante, más algunas hojas adicionales en caso de errores (el facilitador principal enviará los archivos del certificado).
- Impresiones para los participantes, como el programa de capacitación, folletos, etc. (el facilitador principal enviará los archivos).

Tenga una forma de sacar fotocopias, ya que los facilitadores pueden necesitar algunos documentos adicionales durante el evento.

7. Certificados: El facilitador principal enviará los archivos de los tipos de certificados que se utilizarán (un Certificado de Facilitador de Grupos para sanar y Facilitador de Capacitación). Determinen juntos cuándo y cómo se imprimirán los certificados.

Para ingresar los detalles de la sesión en el archivo del certificado, ábralo con Adobe Acrobat (no con el programa Apple Preview). Imprima los certificados en papel que sea más pesado de lo normal, pero no tan grueso que no pueda pasar por una impresora o fotocopiadora (28 lb o 90 g).

Escriba los nombres de los participantes en los certificados usando una de dos opciones:

1. Escribir el nombre de cada participante en su certificado antes de imprimirlo. Esto luce profesional. Para hacer esto, necesita tener acceso a una computadora e impresora que sean compatibles en la sesión. Escriba el nombre del participante e imprímalo, luego ingrese el nombre del siguiente participante e imprímalo. Si le resulta difícil hacer esto durante la capacitación, puede imprimir todos los certificados con anticipación. Imprima dos certificados para cada participante: un certificado de Facilitador de Grupos para sanar y un

certificado de Facilitador de Capacitación. Los facilitadores determinarán qué certificado recibirá cada participante y descartarán los certificados no utilizados.

2. Escribir cada nombre a mano. Para ello, se puede imprimir por adelantado una cantidad generosa de los tipos de certificados, dejando un espacio en blanco para el nombre del participante.

El facilitador principal también puede decidir certificar a uno o más de los cofacilitadores como Facilitador Máster en Entrenamiento o Facilitador Máster. Si es así, el facilitador principal puede solicitar que se imprima un certificado para el facilitador.

Durante la sesión de capacitación

1. *Recibimiento en el aeropuerto y logística en el lugar:* Organice el transporte local a las instalaciones cuando lleguen los participantes. Trabaje con el facilitador principal para asegurarse de que se satisfagan las necesidades de los participantes durante la sesión.

2. *Ceremonia de bienvenida y clausura:* Haga arreglos para que una persona adecuada en su organización abra la sesión. Esto debe ser breve —expresar sus expectativas del impacto que tendrá la capacitación en la vida de los participantes y las comunidades (5 minutos en total). Si es apropiado, esta persona también puede dar un devocional breve (5 minutos), en consulta con el facilitador principal. Para la ceremonia de clausura, si fuera apropiado, invite a otros a unirse para escuchar lo que los participantes han aprendido. Esto puede servir para correr la voz sobre la Sanidad del Trauma.

3. *Presupuesto:* Prepare una lista detallada de todos los gastos, recopile los recibos de todos los desembolsos, pague todas las cuentas y envíe un informe financiero a la persona correspondiente.

Después de la sesión de capacitación

Retroalimentación: Reúnase con el facilitador principal para informar sobre la capacitación y revisar los formularios de comentarios de los participantes.

Responsabilidades del facilitador principal

Mientras se prepara para su sesión de capacitación, lea esta sección por completo y descargue del sitio web del facilitador de THI los materiales que usted y el anfitrión necesitarán. Consulte la "Lista de verificación del facilitador principal para las sesiones de capacitación" (Apéndice, página 101) para obtener una descripción general de las siguientes responsabilidades.

1. Elija los idiomas de la sesión: Todos los participantes deben dominar al menos uno de los idiomas utilizados en la sesión y en el *Manual avanzado del facilitador*. A veces, este es un idioma de comunicación más amplio, diferente a la lengua materna de los participantes. En algunos casos, un participante multilingüe realizará su capacitación inicial en un idioma y su capacitación avanzada en otro.

Si se necesita una traducción para otro idioma, comuníquese con el Instituto de Sanidad del Trauma para averiguar si la traducción está disponible o ya está en proceso y para conocer el proceso de desarrollo de materiales (support@traumahealinginstitute.org). Si hay un grupo de idioma que aún no ha traducido los materiales clásicos, considere si la versión de Sanidad del Trauma basada en historias sería más apropiada para ese grupo. De no ser así, hacer que los hablantes nativos aprendan el programa de Sanidad del Trauma en un idioma de comunicación más amplia es el primer paso esencial antes de emprender una traducción escrita.

Es posible realizar una sesión multilingüe si hubiera materiales disponibles en ambos idiomas y el equipo de facilitación fuera multilingüe: sin embargo, asegúrese de permitir tiempo adicional durante todo el horario.

Forme de antemano un equipo de facilitación que hable la combinación requerida de idiomas. El equipo de facilitación debe dividir las responsabilidades en el horario para que el material esté cubierto en los idiomas necesarios, a fin de que todos los participantes puedan entenderlo. Es posible que uno o más de los facilitadores necesiten estar acompañados por un intérprete. Si este es el caso, coordine con el anfitrión de antemano para designar un intérprete. Asegúrese de que el intérprete lea los materiales con anticipación, preferible en el idioma de destino, para que el contenido se comunique con precisión. Compruebe si los folletos, como el calendario, la prueba y el formulario de comentarios de los participantes, estén en varios idiomas. Asigne personas a grupos de mesa por lenguaje común para que las conversaciones fluyan bien. La práctica de facilitación también se puede organizar en grupos por idioma.

Esté preparado para identificar y ayudar a los participantes que tienen dificultades para comprender. Se les puede ayudar si un participante bilingüe se sienta junto a ellos en su grupo de mesa. Algunas personas, aunque comprendan el idioma de instrucción, encontrarán estresante una prueba escrita. Es posible que necesiten un arreglo especial para una prueba oral.

Si utiliza un intérprete, pregunte con regularidad: "¿Qué es lo que entienden?" (En lugar de "¿Entienden?"). Use un vocabulario más básico y no use modismos.

Anime a los participantes a usar las Escrituras en su lengua materna, si es que existen. Si solo tienen el Nuevo Testamento en su idioma, es posible que deba preparar una traducción aproximada de los pasajes claves del Antiguo Testamento. Un consultor de traducción de la Biblia debe verificar todas las traducciones de las Escrituras.

2. Lista de participantes: Proporcione al anfitrión un modelo de invitación/volante para enviar a los posibles participantes (descargable del sitio web del facilitador de THI) y trabaje con el anfitrión para completarlo.

Si estuviera utilizando el registro en línea, asegúrese de que tanto usted como el anfitrión puedan ver la lista de registros. Podrá exportar la hoja de cálculo de información del participante.

Si no está utilizando el registro en línea, proporcione al anfitrión una copia digital o impresa del formulario de información del participante o la hoja de cálculo de información del participante (descargable desde el sitio web del facilitador de THI). Asegúrese de que el anfitrión le envíe la información de los participantes con intervalos regulares durante el período de registro.

Supervise la lista de registro. Consulte la plataforma de informes de THI para confirmar que los inscritos hayan realizado una sesión de capacitación inicial, codirigido al menos dos grupos para sanar y presentado los informes de los grupos para sanar. De lo contrario, comuníquese con el anfitrión, quien es responsable de garantizar que se cumplan estos requisitos. Respecto a los participantes que usted o el anfitrión aún no conozcan, el anfitrión debe comunicarse con sus líderes para confirmar que su iglesia u organización los recomienda para que se conviertan en facilitadores de Sanidad del Trauma. Ayude al anfitrión a enviar un anuncio de bienvenida a los participantes.

Una vez que comience la sesión, coordine la hoja de cálculo de información de los participantes, agregue puntajes de exámenes, puntajes de facilitación de práctica, nombres de mentores, niveles de certificación y cualquier comentario necesario. Guarde los puntajes para su uso en adelante, pero no los ingrese a la base de datos con su informe de la capacitación ni en los perfiles de participantes.

3. Horarios y prueba: Paute el horario con la organización anfitriona (horas de inicio y finalización, pausas, sesiones de apertura y cierre, clases complementarias, etc.). Vea modelos de horarios en la siguiente sección. Si lo desea, puede agregar el logotipo del anfitrión al programa.

Comuníquese con los cofacilitadores antes de las capacitaciones, asígneles las partes de las lecciones que facilitarán, al menos durante el primer día. Haga que los facilitadores del equipo más experimentados enseñen lecciones con facilitadores con menos experiencia. Cree dos horarios, uno con más detalles para el equipo de facilitadores y otro con temas y horarios solo para los participantes. Imprima copias de los horarios.

Descargue la prueba del sitio web del facilitador de THI. Está disponible solo para los Facilitadores Máster y otras personas según sea necesario. Los facilitadores deben revisar la prueba de antemano y anotar qué preguntas se tratan en las partes de la lección que estarán facilitando.

4. Materiales: Repase la lista de materiales con el anfitrión (consulte Responsabilidades del anfitrión, 6. Materiales). Revise los materiales antes de la capacitación, especialmente al llegar al lugar de capacitación, para asegurarse de que el anfitrión haya reunido los materiales necesarios. Haga arreglos para la traducción, si fuera necesario.

Prepare la hoja de canciones (o las diapositivas de PowerPoint) en consulta con el líder de alabanza. Al menos algunas de las canciones deben ser conocidas por el grupo. Utilice canciones que sean comunes a todas las iglesias y edades representadas. Envíe con anticipación la lista o las diapositivas de PowerPoint al anfitrión.

Si no habrá buen acceso a Internet en el lugar de reunión, deberá imprimir informes de las áreas de ministerio de los participantes (facilitadores, organizaciones, grupos para sanar, sesiones de capacitación, y sesiones informativas) para que pueda garantizar que la información sea correcta y completa.

5. Organice el espacio de la reunión: Si usa mesas rectangulares, coloque las mesas y sillas en forma de espina de pescado, para que los asistentes puedan participar en conversaciones de grupos grandes y pequeños sin mover sus sillas. Si usa mesas redondas, asegúrese de que ninguna de las mesas esté demasiado lejos del frente de la sala. Puede pedir a los grupos cambiar de mesa durante la sesión de capacitación para asegurar que ninguno se siente que otros están recibiendo tratamiento prefencial.

Prepare la segunda sala que se utilizará para la mitad del grupo durante la práctica de facilitación. Prepare una mesa de registro.

6. Organice grupos: Divida a los participantes en grupos de mesa de no más de seis por mesa. Forme los grupos con anticipación, si fuera posible, para que cada grupo tenga una buena mezcla de participantes: hombres y mujeres, de diferentes denominaciones u organizaciones o grupos étnicos, etc. Escriba los nombres de cada miembro del grupo en una hoja de papel y colóquela en la mesa del grupo antes de que comience la sesión. O comunique al anfitrión las asignaciones de los grupos por mesa, para que pueda agregar el número de mesa a la etiqueta del nombre de cada participante.

Si no fuera posible conformar los grupos con anticipación, numere al comienzo de la sesión y divídalo en grupos de esa manera.

Respete las normas culturales de interacción social, para que todos puedan participar libremente en su grupo. Por lo general, los miembros de una familia tienen una experiencia más rica si están en grupos separados. Lo mismo puede aplicarse a los pastores y miembros de su iglesia. Algunos ejercicios se realizan mejor en grupos de género (hombres y mujeres por separado), en grupos étnicos o en grupos de iglesias.

Siempre que los grupos funcionen bien, mantenga los mismos grupos durante toda la sesión de equipamiento, para que los miembros del grupo puedan construir relaciones. Sin embargo, si la dinámica de alguno de los grupos es negativa, o si los participantes quieren cambiar de grupo de mesa para conocer a otros, haga nuevos grupos.

7. Reuniones del equipo (una hora como mínimo): El equipo debe reunirse antes de que comience la sesión para organizar el primer día o dos en detalle, y luego reunirse al final de cada día para conversar y ajustar el programa a las necesidades del grupo. Las reuniones del equipo generalmente incluyen una revisión del día con retroalimentación al equipo sobre su desempeño, conversar sobre cualquier tema en el grupo que deba ser abordado, evaluación preliminar de las competencias de los participantes (véase #9 a continuación), preparación detallada para el día siguiente y un vistazo al resto de la sesión.

Las tensiones entre los miembros del equipo son obvias para los participantes y tienen un efecto negativo en la sesión. Hay que abordarlos y resolverlos. Trate a unos y otros con cuidado y consideración, como un modelo de "espacio seguro".

8. Formulario de autorización grupal: Explique que queremos que los participantes tengan la oportunidad de decidir si quieren aparecer en las fotografías o grabaciones de voz/video que se tomen durante la capacitación. Estos elementos pueden usarse para promover la Sanidad del Trauma. Distribuya el formulario de autorización grupal y dé a los participantes la oportunidad de firmar.

Explique que si alguien desea dar un testimonio individual, puede firmar el formulario de autorización individual (consulte el Apéndice, página 109).

9. Evaluación y retroalimentación: A lo largo de la formación, pero sobre todo en la última noche, lleve al equipo para evaluar las competencias de los participantes de acuerdo con los siguientes criterios:

- Bienestar personal y interacción interpersonal: Considerar el bienestar de cada participante, si puede apoyar de manera segura a otras personas traumatizadas. Observar si cada participante es capaz de relacionarse bien con los demás y trabajar en grupo.
- Desempeño en la práctica de facilitación: escala del 1 al 10, con 10 como excelente (consulte "La práctica de la facilitación de capacitación avanzada", en el Apéndice, página 112).
- Dominio del contenido: basado en su puntaje de prueba de capacitación avanzada.
- Práctica: evaluar el trabajo realizado durante su práctica liderando grupos para sanar.

Con base en esta evaluación, determine el nivel de certificación apropiado para cada participante. Cada tipo de facilitador requiere ciertos dones. No es necesariamente jerárquico. Consulte "Dones, llamado y actividades para facilitadores", para obtener una descripción de los niveles de certificación (Apéndice, página 90).

- Facilitador de Grupo para sanar: cumple con las competencias requeridas para un facilitador y está dotado para trabajar bien en un entorno de grupo pequeño.
- Facilitador de Capacitación: cumple con las competencias requeridas para cualquier facilitador, tiene habilidades organizativas para gestionar eventos de capacitación y es hábil para facilitar grupos grandes y pequeños.
- Facilitador Aprendiz: necesita más experiencia práctica con el apoyo de un mentor antes de que pueda convertirse en Facilitador de Grupo para sanar.
- Certificado de Participación: carece de las competencias requeridas de un facilitador o la persona decide que ya no desea ser facilitador.

Muy excepcionalmente, las personas que tienen mucha experiencia en ayudar a otros y facilitar pueden calificar como Facilitador Máster en Entrenamiento en una sesión avanzada, pero generalmente las personas necesitan coliderar con otros al menos una vez, tal vez más, antes de estar listos para ser certificados como Facilitador Máster en Entrenamiento.

Si algunos participantes carecen de algunas de las competencias requeridas o tienen problemas con lo que deben manejar para continuar con el proceso de formación de facilitadores, entrégueles un certificado de Participación. Reúnase con estos participantes individualmente para brindarles retroalimentación específica de lo que se ha observado, junto con un plan para desarrollar las competencias faltantes o abordar los problemas. Esto debe hacerse con gentileza y oración. El objetivo es ayudarlos a superar cualquier problema que pueda dañarlos a ellos mismos o a quienes esperan servir. Si el participante tiene problemas de difícil solución, es posible que pueda identificar otras formas en que la persona puede participar en la actividad de Sanidad del Trauma (es decir, ayudando con la promoción del programa, logística en capacitaciones y grupos para sanar, etc.). Pero en cualquier caso, no certifique a una persona para liderar grupos para sanar si existe un riesgo significativo de que cause daño.

Cree una segunda copia de la hoja de información del participante solo para su uso. Agregue las puntuaciones de las pruebas de los participantes, las puntuaciones de la práctica de facilitación, los niveles de certificación y cualquier comentario que le pueda ser útil en adelante, para la mentoría del participante o para responder preguntas de otros que piensan trabajar con el participante.

El Facilitador Máster también debe medir y evaluar las competencias de los cofacilitadores. Si determina que están listos para ser certificados como Facilitador Máster en Entrenamiento o Facilitador Máster, es posible que desee imprimir un certificado para ellos (consulte el número 11, a continuación).

10. *Lista de contactos:* Genere una lista de contactos a partir de la hoja de cálculo de información del participante, seleccionando las columnas relevantes (es decir, nombre, correo electrónico o número de teléfono, organización). Imprima la lista de contactos antes o durante la sesión. Pida a las personas que verifiquen que su información sea correcta y que su nombre aparezca de la forma en que quieren que aparezca en su certificado (orden de nombres, ortografía, títulos, mayúsculas). Pídales que escriban sus iniciales al lado de su nombre para indicar su permiso para compartir sus datos de contacto con los demás participantes. Ingrese las correcciones, borre la información de cualquier participante que no aprobó compartir su información, luego haga copias y distribúyalas a los participantes antes de que finalice la capacitación.

11. *Certificados:* Descargue los certificados de Facilitador y de Participación del sitio web del facilitador de THI y envíelos al anfitrión (véanse ejemplos en el Apéndice). Juntos determinen cuándo y cómo se imprimirán los certificados. Consulte "Responsabilidades del anfitrión, 7. Certificados", para obtener una descripción de cómo ingresar los detalles de la sesión en el archivo del certificado.

Si un Facilitador Máster decide certificar a uno o más de los cofacilitadores como Facilitador Máster en Entrenamiento o Facilitador Máster, modifique e imprima el certificado.

12. *Mentores*: Asigne un mentor a cada facilitador, regístrelo en la hoja de cálculo de información del participante y comunique las asignaciones de mentoría a los participantes. Por lo general, el mentor es un miembro del equipo que ha capacitado al facilitador. Por ejemplo, si hay tres facilitadores, los participantes pueden dividirse equitativamente entre los facilitadores.

Los mentores se mantienen en contacto con sus facilitadores, dándoles ánimo y asegurándose de que tengan lo que necesitan para tener éxito, y cofacilitando con ellos si es posible de vez en cuando. La información detallada sobre las competencias y capacidades del facilitador en el apéndice (páginas 91 y 92) brinda orientación tanto para los mentores como para los aprendices, al enumerar las características personales, las habilidades y las capacidades que necesita demostrar en cada nivel de certificación.

13. *Retroalimentación:* Reune con los cofacilitadores para analizar la capacitación. Comparta los logros y desafíos generales. Lean juntos los formularios de comentarios de los participantes y tomen nota de los temas y cambios que deben realizarse la próxima vez.

De al anfitrión la oportunidad de leer los formularios de comentarios de los participantes.

14. *Informes:* Ingrese los detalles de la capacitación en la plataforma de informes de THI, junto con los detalles de cada participante (dirección de correo electrónico, mentor, nivel de certificado, facilitador que certifica, dónde y cuándo se realizó la capacitación, y comentarios). El nivel de certificación del participante determina a qué materiales puede acceder en el sitio web del facilitador.

Si hubo condiciones impuestas al participante, como "necesita codirigir un grupo para sanar con un Facilitador Máster, quien determinará si está lista para ser certificada como Facilitador de Grupo para sanar", asegúrese de incluir esto en el campo "Comentarios".

Si fuera apropiado, capacite a alguien de la organización anfitriona en el proceso de tutoría e informes, para que pueda asumir la responsabilidad cuando se complete la fase de capacitación.

Horarios de las sesiones de capacitación avanzada

El horario de la capacitación avanzada tiene más opciones que el horario de capacitación inicial. Elaborar el horario teniendo en cuenta los informes y las necesidades del grupo. Las sesiones de capacitación avanzada deben incluir lo siguiente, requiriendo un mínimo de 18 horas y media.

Retroalimentación de la práctica:

- Logros y desafíos generales (45 min)
- Revisión de los informes y testimonios (45 min)
- Logística de grupos para sanar (45 min)
- Resumen del programa (45 min)
- Conversar sobre las respuestas a los desafíos del grupo para sanar (60 min)
- Revisión del aprendizaje participativo (45 min)

Fortaleciendo nuestras habilidades de facilitación:

- Orientación al ejercicio de la práctica de facilitación (30 min)
- Práctica de facilitación de cada participante, al menos una vez, y repaso de al menos las lecciones básicas (8 hrs)
- Resumen de lecciones opcionales y las minisesiones (10 min)
- Prueba (30 min)

Planificando para el futuro:

- Recursos en línea: sitio web de THI y plataforma de informes (60 min)
- Materiales para capacitadores: dirigir una sesión informativa y dirigir una sesión de capacitación (90 min)
- Planes de acción (90 min)
- Formulario de comentarios de los participantes (10 min)
- Ceremonia de clausura (20 min)

Se pueden agregar muchas lecciones opcionales a las lecciones requeridas, como:

- Lecciones opcionales que los participantes aún no han cubierto
- Nuevo material para sesiones avanzadas:

    - Habilidades de facilitación de alto nivel
    - Enfrentar el trauma continuo
    - Escuchar, nivel avanzado
    - Ejercicio de línea de tiempo
    - Reconocer el agotamiento
    - Superar los prejuicios
    - Ceremonia del perdón

Para obtener una descripción de cada una de estas lecciones, consulte "Lecciones de capacitación avanzada" en la siguiente sección.

Ahorro de tiempo

- Si es posible, organice con anticipación, junto con los participantes, los equipos para la práctica de facilitación.
- Entregue la prueba como tarea para hacer en casa.

Modelo de horario para sesión de capacitación avanzada (modelo de 4 días)

Fuente en negrita = lecciones requeridas

DÍA 1

8:30–8:35	Bienvenida, anuncios
8:35–8:45	Devocional y cantos
8:45–9:15	Presentación y expectativas
9:15–10:00	**Logros y desafíos**
10:00–10:15	Receso
10:15–11:00	**Revisión de los informes y testimonios**
11:00–11:45	**Logística de grupos para sanar**
11:45–12:30	**Resumen del programa**
12:30–1:30	Almuerzo
1:30–2:30	**Reflexionar sobre las respuestas a los desafíos del grupo para sanar**
2:30–3:15	**Revisión del aprendizaje participativo**
3:15–3:45	Receso
3:45–4:00	Habilidades de facilitación de alto nivel
4:00–4:30	**Orientación a la práctica de facilitación**

Tarea: preparar para la práctica de facilitación

DÍA 2

8:30–8:45	Devocionales y cantos
8:45–10:15	**Práctica de facilitación y repaso de la lección de Sufrimiento**
10:15–10:30	Receso
10:30–12:00	**Práctica de facilitación y repaso de la lección de Heridas del corazón**
12:00–1:00	Almuerzo
1:00–2:30	**Práctica de facilitación y repaso de la lección de Sanar**
2:30–2:45	Receso
2:45–4:15	**Práctica de facilitación y repaso de la lección de Duelo**
4:15–4:45	**Revisión de la lección Llevar nuestro dolor a la cruz**
4:45–5:00	Hablar sobre la prueba

Tarea: Estudiar para la prueba

DÍA 3

8:30–8:45	Devocional y cantos
8:45–10:15	**Práctica de facilitación y repaso de la lección de Perdón**

10:15–10:30	Receso
10:30–10:45	Resumen de lecciones opcionales
10:45–12:00	Ceremonia del perdón
12:00–1:00	Almuerzo
1:00–1:30	**Prueba**
1:30–2:20	Escuchar, nivel avanzado
2:20–2:45	Reconociendo el agotamiento
2:45–3:00	Receso
3:00–3:45	Ejercicio de línea de tiempo
3:45–4:30	Sobrellevar el trauma continuo

Tarea opcional: Leer "Dirigir las sesiones informativas" y "Dirigir las sesiones de capacitación inicial"

DÍA 4

8:30–8:45	Devocional y cantos
8:45–9:00	Entrega de pruebas y revisión de notas
9:00–10:00	**Recursos en línea: sitio web de THI y plataforma de informes**
10:00–10:15	Receso
10:15–12:00	Facilitadores de grupos para sanar: lección opcional; facilitadores de capacitación: **materiales para capacitadores**
12:00–1:00	Almuerzo
1:00–2:30	**Planes de acción**
2:30–2:45	Receso
2:45–3:15	Preguntas y respuestas, preguntas de "Estacionamiento"
3:15–3:30	**Formulario de comentarios de los participantes**
3:30–4:00	**Ceremonia de clausura y fotografías**

Modelo de horario para sesión de capacitación avanzada (modelo de 3 días)

DÍA 1

8:00–8:05	Bienvenida, anuncios
8:05–8:15	Devocional y cantos
8:15–8:45	Presentación y expectativas
8:45–9:30	**Logros y desafíos**
9:30–10:15	**Revisión de los informes y testimonios**
10:15–10:30	Receso
10:30–11:15	**Logística de grupos para sanar**
11:15–12:00	**Resumen del programa**
12:00–1:00	Almuerzo
1:00–2:00	**Reflexiónar sobre las respuestas a los desafíos del grupo para sanar**
2:00–3:30	Lección opcional
3:30–3:45	Receso
3:45–4:30	**Revisión de aprendizaje participativo**
4:30–5:00	**Orientación a la práctica de facilitación**

Tarea: preparar para la práctica de facilitación

DÍA 2

8:00–8:15	Devocional y cantos
8:15–9:45	**Práctica de facilitación y repaso de la lección de Sufrimiento**
9:45–10:00	Receso
10:00–11:30	**Práctica de facilitación y repaso de la lección de Heridas del corazón**
11:30–12:15	Escuchar, nivel avanzado
12:15–1:15	Almuerzo
1:15–2:45	**Práctica de facilitación y repaso de la lección de Sanar**
2:45–3:00	Receso
3:00–4:30	**Práctica de facilitación y repaso de la lección de Duelo**
4:30–5:00	**Prueba**

Tarea opcional: leer "Dirigir las sesiones informativas" y "Dirigir las sesiones de capacitación inicial"

DÍA 3

8:00–8:15	Devocional y cantos
8:15–8:45	**Revisión de la lección Llevar nuestro dolor a la cruz**
8:45–10:15	**Práctica de facilitación y repaso de la lección de Perdón**
10:15–10:30	Receso
10:30–10:45	Entrega de pruebas y revisión de notas
10:45–11:00	Habilidades de facilitación de alto nivel
11:00–11:15	Resumen de lecciones opcionales
11:15–12:15	**Recursos en línea: sitio web de THI y plataforma de informes**
12:15–1:15	Almuerzo
1:15–2:45	Facilitadores de grupos para sanar: lección opcional; facilitadores de capacitación: **materiales para capacitadores**
2:45–3:00	Receso
3:00–4:00	**Planes de acción**
4:00–4:30	Preguntas y respuestas, preguntas de "Estacionamiento"
4:30–5:00	**Formulario de comentarios de los participantes, ceremonia de clausura,** fotografías

Lecciones de capacitación avanzada

A. Bienvenida, anuncios, devocionales y cantos (15 min)

La persona indicada de la organización anfitriona da la bienvenida a los participantes en nombre de la organización anfitriona, y expresa sus esperanzas por el impacto que tendrá la capacitación sobre la vida de los participantes y las comunidades. Haga que se canten algunas canciones de adoración y que un facilitador o un miembro de la organización anfitriona da un breve devocional.

B. Presentaciones y expectativas (30 min)

1. Presente la capacitación de la siguiente manera:

Esta sesión fortalecerá las habilidades que adquirió en la sesión de capacitación inicial y al dirigir dos grupos para sanar durante su práctica. Al final de esta sesión, podrá:

- Resolver de mejor manera los problemas que pueden surgir mientras llevan a cabo su ministerio de sanidad del trauma.
- Enseñar los materiales con habilidad.
- Facilitar sesiones de forma participativa.
- Modelar el cuidado hábil a las personas traumatizadas.
- Planificar la implementación del programa.

Al final de esta sesión, aquellos participantes que hayan demostrado las competencias necesarias serán certificados como Facilitadores de Grupos para sanar. Algunos pueden ser seleccionados para capacitar a otros; o serán certificados como Facilitadores de Capacitación.

2. Pida a cada participante que se presente (nombres, dónde viven y su ministerio y dónde llevaron a cabo sus dos grupos para sanar).

3. Pida a cada participante que comparta sus expectativas y esperanzas de esta capacitación.

4. Dirija una conversación para establecer reglas básicas para el grupo, comenzando con lo siguiente: **Siempre comenzamos las capacitaciones y los grupos para sanar estableciendo compromisos grupales. ¿Por qué esto es importante? ¿Cuáles deberían ser los compromisos grupales para esta capacitación?**

5. Revise el horario de capacitación y responda cualquier pregunta.

C. Logros y desafíos (45 min)

Guíe a los participantes a través de las siguientes preguntas, dedicando al menos 15 minutos a la conversación en grupos pequeños. Al recibir los comentarios en el grupo grande, escriba en un rotafolio los desafíos y las preguntas que son más difíciles de abordar, luego coloque el papel en la pared y asegúrese de abordarlos durante la sesión de capacitación. (Esto puede denominarse

"Estacionamiento" y puede agregar preguntas que surgen durante la sesión para las que demore una respuesta).

CONVERSACIÓN EN GRUPOS PEQUEÑOS

1. Comente lo que sucedió con sus grupos para sanar.
2. ¿Cómo se enfrentó a los desafíos que surgieron y qué tan efectivo fue?
3. Identifique tres cosas que funcionaron bien y tres cosas que debe evitar.

CONVERSACIÓN EN GRUPO GRANDE

Cada grupo pequeño comparta tres logros y desafíos.

Pregunte si hicieron los grupos de manera presencial o virtual. Conversen sobre las diferencias entre realizar grupos para sanar en persona y virtual. Mencione que los grupos cara a cara generalmente son más efectivos para crear el sentido de comunidad que ayuda a las personas a sanar. Si organizan grupos en línea, deben mantener los grupos pequeños y esforzarse por crear una conexión entre los participantes.

D. Revisando los informes y testimonios (45 min)

Antes de esta capacitación, los capacitadores deben revisar a fondo (e ingresado a la plataforma de informes si fuera necesario) los informes de los participantes de sus grupos para sanar, y seleccionar algunos de los testimonios presentados que fueron particularmente inspiradores. (Se realizará un análisis detallado de los informes durante la sesión de la plataforma de informes de THI, más adelante en la capacitación).

Informes

Guíe a los participantes a través de las siguientes preguntas como una forma de celebrar la cantidad de personas que participaron en un grupo para sanar, que resultó de la práctica de los participantes, y para revisar el formulario de informe del grupo para sanar y responder cualquier pregunta.

CONVERSACIÓN EN GRUPOS PEQUEÑOS

1. ¿Cuántas personas completaron el grupo para sanar que lideró durante su práctica?
2. ¿Cuál fue el número total en su grupo de mesa?

CONVERSACIÓN EN GRUPO GRANDE

1. ¿Cuál es el número total de participantes que asistieron a nuestros grupos para sanar?
2. ¿Qué preguntas tiene sobre el formulario de informe del grupo para sanar (Apéndice, página 116)?

Testimonios

Comparta los testimonios que seleccionó con anticipación. Revise las tres partes de un testimonio:

1. La persona y el problema
2. El aporte que tuvo la experiencia del programa de Sanidad del Trauma
3. Cómo cambió la persona

Pida a los participantes que reflexionen sobre su propia experiencia del grupo para sanar (podría ser durante su capacitación inicial) y cómo le impactó. Luego, permita 5 minutos para que cada participante cree su propio testimonio usando las pautas que se acaban de dar. Pídales que compartan su testimonio personal en parejas o en grupos pequeños, o pida algunos voluntarios para compartir su testimonio con el grupo grande. Ofrezca aliento y, si es necesario, sugerencias.

Dígales que, además de resforzar lo que pueden pedir a los participantes del grupo para sanar, los testimonios que acaban de crear pueden ser útiles como esquema para compartir su testimonio cuando quieran promover el programa. Pueden mantenerlo breve o expandirlo para ajustar al tiempo permitido.

También recordar su experiencia personal en el grupo para sanar los motiva a continuar con este ministerio y los pone en contacto con la experiencia de los participantes mientras reciben más enseñanza sobre las habilidades de facilitación y el manejo compasivo de las personas que sufren.

E. Logística del grupo para sanar (45 min)

Dirija a los participantes en una conversación sobre los temas del grupo para sanar que se enumeran a continuación, aclarando las mejores prácticas para cada uno:

- Sesión de bienvenida (presentaciones y compromisos grupales)
- Sesión "Mirando hacia atrás…"
- Tamaño del grupo
- Formando su grupo
- Asistencia
- Duración y frecuencia de las lecciones
- Dividir una lección entre cofacilitadores
- Usar ayudas visuales

Si a los participantes aún no se les ha presentado la lista de verificación del grupo para sanar, indíqueles y explíqueles cómo puede ayudarlos antes, durante y después de un grupo para sanar.

F. Resumen del programa (45 min)

Revise el "Resumen del programa" al principio de este manual.

1. Revise el diagrama de la experiencia de sanar.
2. Revise el modelo y los materiales del programa del Instituto de Sanidad del Trauma. Consulte el sitio web del facilitador de THI, para ver una opción participativa de presentar esto.
3. Explique las competencias y capacidades del facilitador: "Convertirse en un Facilitador de Sanidad del Trauma" incluido "Competencias y capacidades del facilitador" y "Dones, llamamiento y actividades del facilitador" del apéndice:

   - Considere preguntar a los participantes cómo crecieron en cada capacidad durante su práctica, o por qué cada capacidad es importante para liderar un grupo de manera efectiva.
   - Pida ejemplos de experiencias de minisesiones de Sanidad del Trauma o participación en una reunión de comunidad de práctica y que comparta cómo le ayudó esto.

▫ Consulte el sitio web del facilitador de THI para conocer otras opciones participativas para presentar este material.

G. Reflexionar sobre las respuestas a los desafíos del grupo para sanar (60 min)

Manejo de la dinámica de grupo (15 min)

Repasen juntos el cuadro "Manejo de la dinámica de grupos" (Apéndice, página 88) y/o la dramatización de la dinámica de grupo (en la página 39). Luego, pida a los participantes que reflexionen y compartan sobre lo siguiente:

CONVERSACIÓN EN GRUPOS PEQUEÑOS

1. ¿Ha tenido alguno de estos tipos de personas en sus grupos para sanar?
2. ¿Cómo los manejó?
3. ¿Qué podría intentar la próxima vez que experimente este desafío?

Obtenga retroalimentación. Recuérde al grupo que el trauma puede crear o contribuir a estos tipos de compartamiento. Necesitamos recordar nuestra responsabilidad de guardar un espacio seguro para cada persona del grupo, mostrando siempre el respeto y el amor de Cristo.

Personas que considera difíciles (15 min)

Parafrasear lo siguiente: Puede conocer todas las habilidades de cuidar a los demás y aun así no ser eficaz, si no es consciente de la forma no verbal con la que se comunica con los demás. ¡No puede ocultar cómo le hacen sentir! Es natural responder de manera diferente a las personas a las que ayuda: algunas nos agradan más, otras nos agradan menos. Con algunas, estamos de acuerdo y con otras no. No es necesario que le agraden las personas ni que esté de acuerdo con ellas para ayudarlas, pero puede ser más difícil. Preste atención a cómo se siente con respecto a las personas a las que está ayudando, y sus opiniones, para que pueda ser compasivo, incluso si esta no es su respuesta natural.

Luego, pida a los participantes que conversen lo siguiente:

CONVERSACIÓN EN GRUPOS PEQUEÑOS

1. ¿Hubo personas en sus grupos que le gustaron más y otras que le gustaron menos?
2. ¿Cómo respondió a las que menos le agradaban? ¿Qué tan diferente fue eso respecto a la forma en que respondía a las que más le gustaban?
3. ¿Qué podría hacer para responder con más amor a quienes le agradan menos?

Obtenga retroalimentación. Luego agregue, si aún no lo han mencionado: Para las personas que le agraden menos, piense en formas en las que se parece a ellas. Escuche su historia con atención. Recuerde que Dios las ama tanto como a usted. Trate de comprender con qué pueden estar luchando y encuentre una manera de conversar de esto. Por ejemplo, alguien que habla demasiado puede querer ser escuchado. ¿Alguna vez ha tenido esta necesidad en su vida? Trate de encontrar una manera de hablar con la persona en privado y con amor sobre el tema.

Temas que resultan difíciles (15 min)

Compartir: Es posible que algunas historias le resulten más difíciles de escuchar que otras. Es importante tratar de comprender.

Luego, pida a los participantes que conversen lo siguiente:

CONVERSACIÓN EN GRUPOS PEQUEÑOS

1. Hasta ahora ¿cuál fue el tema más difícil en un grupo para sanar? *(No comparta la historia ni los detalles gráficos).*
2. ¿Por qué cree que esto le resultó difícil?

Obtenga retroalimentación. Agregue, si aún no lo han mencionado: Algunas historias pueden recordarnos algo difícil en nuestras propias vidas, algo que pensamos que ya habíamos sanado. Cuando esto suceda, tómese un tiempo en privado o con un amigo para explorar el dolor que todavía está allí, incluso si la herida se ha sanado en su mayor parte. Esta es una oportunidad para que usted vuelva a llevar ese dolor a Cristo y continuar el proceso de sanidad.

El peso de escuchar historias de trauma (15 min)

Compartir: Ser un facilitador de Sanidad del Trauma lo expone a historias de traumas y pérdidas. A veces, el peso de todas las historias puede resultar abrumador. Por otro lado, ser testigos de la sanidad de sus heridas puede traerle alegría.

Después, pida a los participantes que conversen lo siguiente:

CONVERSACIÓN EN PEQUEÑOS GRUPOS

1. ¿Cómo le está afectando personalmente ser un Facilitador de Sanidad del Trauma?
2. ¿Qué tan bien se está cuidando?
3. ¿Qué podría hacer para cuidarse mejor?

Obtenga retroalimentación en el grupo grande. Repase las ideas de la lección Cuidando al que cuida, si fuera necesario. Termine con un tiempo de reflexión y oración individual sobre las historias que han escuchado.

H. Revisión del aprendizaje participativo (45 min)

Revise el "Modelo básico de aprendizaje participativo" (página 10), junto con cualquiera de los puntos claves de la sección de aprendizaje participativo de la *Guía del facilitador de grupos para sanar*. Luego guíe a los participantes a través de las siguientes preguntas:

CONVERSACIÓN EN PEQUEÑOS GRUPOS

1. ¿Cómo ha sido su experiencia al utilizar el modelo participativo?
2. ¿Qué resultados positivos puede mencionar?
3. ¿Qué ha sido difícil?

Obtenga retroalimentación en el grupo grande.

- Dé tiempo a los participantes para revisar la sección de aprendizaje participativo de su *Guía del facilitador de grupos para sanar* y para recordar los principios claves que desean implementar de manera más consistente.

- Si elige programar una lección opcional inmediatamente después de esta sesión, dirija la atención de los participantes al flujo "preguntar, participar, escuchar, agregar" de la lección en múltiples puntos (es decir, pedirles a los participantes que identifiquen las etapas de varias secciones de la lección).

I. Orientación para la práctica de facilitación (30 min)

Divida en grupos de 8 a 10 con un número par de personas en cada grupo. Dentro de cada grupo, los participantes se emparejan con alguien con quien quieren trabajar. Cada pareja elige una sección de una de las lecciones principales que puedan enseñar en 30 minutos, excluyendo la lección Llevar nuestro dolor a la cruz y la historia al comienzo de cada lección. Asegúrese de que las lecciones sobre Sufrimiento, Heridas del corazón, Sanidad y Duelo se seleccionen primero, antes de la lección del Perdón.

Si todos han elegido una sección y no se han cubierto todas las lecciones, haga que los que asistieron primero o los que necesitan mejorar faciliten una segunda vez. Alternativamente, simplemente repase el contenido de las últimas lecciones sin que alguien facilite.

Dirija a los participantes a "La práctica de facilitación de capacitación avanzada" (Apéndice, página 112) y explique el cuadro que les ayudará a prepararse. Revise las preguntas de retroalimentación y la escala de evaluación. Deles tiempo para que se preparen, mientras los facilitadores recorren la sala, respondiendo preguntas.

J. La práctica de facilitación y revisión de las lecciones principales (90 min por lección)

1. Explique a los participantes la distribución del tiempo para la revisión de la lección:

   Para cada lección, tomaremos 90 minutos en total:
   - 30 minutos para la práctica de facilitación
   - 15 minutos para comentarios (se espera que cada participante haga comentarios)
   - 45 minutos para repasar los objetivos de la lección, repasar sección por sección, aclarar cualquier inquietud y asegurarse de que sepan cómo se debe dirigir.

2. Envíe uno de los grupos de 8 a 10 participantes a una sala diferente. Recuérdeles que lleven los materiales que necesitarán.

3. Durante el repaso de cada lección, asegúrese de practicar dramatizaciones y ejercicios, y señalar cualquier error común que cometen los facilitadores al facilitar esa lección. Repase los puntos principales que también son preguntas de la prueba.

4. Si la sesión de capacitación se está presentando en línea, o si los participantes desean facilitar grupos para sanar en línea, hable sobre las diferencias entre realizar grupos para sanar presencial y virtual. Mencione que los grupos que se encuentran cara a cara generalmente son más efectivos para crear el sentido de comunidad que ayuda a las personas a sanar.

5. Indique a los participantes que registren lo que quieran recordar acerca de la facilitación de cada lección principal (véase la segunda página de "La práctica de facilitación de capacitación avanzada", en el Apéndice, página 112).

K. Habilidades de facilitación de nivel superior (15 min) —*opcional*

Dirija una conversación informal sobre las características de las habilidades de facilitación más avanzadas:

1. Los facilitadores fuertes **presentan y concluyen las lecciones**, mencionando el título y los objetivos de la lección, para que los participantes recuerdan lo que ya han hecho y sepan hacia dónde se dirigen. También **hacen la transición entre secciones** usando oraciones de conexión como "ligamentos", para que los participantes puedan ver la conexión entre las secciones de la lección.

2. Los facilitadores fuertes permiten un **espacio para el silencio** en vez de llenarlo ansiosamente con preguntas o respuestas adicionales.

3. Los facilitadores fuertes **construyen las bases para compartir de manera segura** estableciendo compromisos grupales y recordándoselas regularmente a los participantes. Si dan lecciones separadas con grupos que aún no han experimentado un grupo para sanar, reconocen cuando se deban agregar primero ciertos contenidos y habilidades fundamentales, por ejemplo "¿Cómo es un buen oyente?", y el ejercicio de escuchar bien (lección de Sanar).

4. Los facilitadores fuertes **no piden a los participantes que procesen demasiado de su trauma a la vez**. Tienen cuidado de no permitir que los participantes se sientan abrumados por la emoción, para que no vuelvan a traumatizarse. A medida que se desarrollan los horarios para los grupos para sanar y las capacitaciones, se centran en lo que es mejor para los participantes, no en cubrir la mayor cantidad de contenido posible. Es mejor **cubrir menos material que abarcar más y que el resultado no sea el esperado.**

L. Resumen de las lecciones opcionales (10 min)

Oriente a los participantes sobre las lecciones opcionales y el proceso (a continuación) para capacitarse en ellas. Parafrasear lo siguiente:

Además de las seis lecciones básicas, hay lecciones opcionales que pueden dirigir una vez que se hayan capacitado en ellas.

Si no experimentaron una de estas lecciones en una capacitación, pueden reunirse con un facilitador con más experiencia y trabajar juntos en la lección, notando los desafíos potenciales y realizando todas las conversaciones y actividades. Asegúrense de practicar toda la lección para obtener la experiencia, no solo el contenido. Un facilitador experimentado puede organizar una sesión "inicial continuada" para facilitadores que deseen recibir capacitación en lecciones opcionales.

Estas lecciones pueden incluirse en su grupo para sanar o pueden impartirse como lecciones independientes con participantes que ya han pasado por un grupo para sanar. Si lo hace con aquellos que aún no han experimentado un grupo para sanar, primero construya una base para compartir de manera segura, estableciendo reglas básicas y haciendo la sección "¿Cómo es un buen oyente?", y el ejercicio de escuchar bien (lección de Sanar). Utilice el formulario de informe de minisesión de Sanidad del Trauma (Apéndice, página 117).

M. Sobrellevar el trauma continuo (45 min) —*opcional, combinado con la lección de Heridas del corazón*

Explique a los participantes que este ejercicio se puede hacer con personas cuyas vidas han sido interrumpidas por un trauma sin un final a la vista, como quienes están en una prisión, una zona de guerra, un campo de refugiados o enfrentan situaciones familiares traumáticas.

Guíe a los participantes a través de las siguientes preguntas, pidiéndoles imaginar la vida con algún tipo de trauma continuo (adaptándose al contexto en el que se realiza el equipamiento).

CONVERSACIÓN EN GRUPOS PEQUEÑOS

1. ¿Cuál es la parte más difícil de su situación actual?
2. ¿Qué hace que sea difícil vivir en esta situación?
3. Describa cómo le hace sentir eso.

Obtenga retroalimentación en el grupo grande. Para las preguntas 2 y 3, agregue el contenido a continuación que se relata a la situación imaginada que no se haya mencionado.

- Miedo a la violencia
- Miedo a la agresión sexual
- La pérdida de sentirse que tenga valor
- Dificultades de la vida comunitaria
- Demasiado incertidumbre
- Problemas con familiares
- Dificultad con las autoridades

CONVERSACIÓN EN GRUPOS PEQUEÑOS

1. ¿Qué le ha ayudado a vivir en esta situación?
2. ¿Qué cosas no han sido útiles?

Obtenga retroalimentación en el grupo grande. Agregue el contenido a continuación que no se haya mencionado.

No es útil para las personas que enfrentan un trauma continuo:

- Aislamiento: vivir y comer solo.
- Nada que hacer, ningún propósito para vivir.
- Usar alcohol o drogas para detener el dolor interno.
- Expresar enojo peleando o lastimando a otros.
- Ganar dinero por medios ilegales.
- Ignorar las responsabilidades para con el cónyuge o los hijos.

Útil para personas que enfrentan un trauma continuo:

Como individuos:

- Aprender técnicas de relajación como el ejercicio del árbol y el ejercicio de respiración. Esto puede ayudar a reducir las pesadillas.
- Reducir la ira por medio de caminar, correr, dar un paseo al aire libre u otra actividad física.

- Memorizar pasajes de las Escrituras que contradicen los pensamientos negativos que le vienen a la mente.
- Llorar sus pérdidas y, con el tiempo, comenzar a aceptar la nueva vida que Dios le ha dado (Jeremías 29:4–14).
- Proteger a los niños para que no escuchen demasiadas historias de trauma o demasiado detalladas. Protejer a los niños y jóvenes de una violación.
- Hacer uso de todo lo que tenga para mantenerse saludable: lavarse las manos, plantar un pequeño jardín, aprender sobre las plantas que pueden curar enfermedades o proporcionan nutrición.
- Encontrar formas de ganar al menos pequeñas cantidades de dinero: cortando césped, sastrería, agricultura, etc.
- Pensar en algo que sepa que otros necesitan o quieren aprender y enseñarles, por ejemplo, un idioma extranjero, cocinar, higiene.
- Comprometerse con el aprendizaje. Estudiar un tema que le interese, y convertirse en un experto.
- Buscar formas de divertirse incluso durante períodos cortos de tiempo.
- Encontrar a algunos cristianos que se comprometan a estudiar la Biblia juntos, organizando grupos de oración, asistiendo a la iglesia y animándose unos a otros.

Como grupos:

- Trabajar juntos para mejorar las cosas: no aislarse. Buscar agrupaciones de personas y edificarse juntos.
- Tomar decisiones en grupo. Ver las ventajas y desventajas: tratar de no dejar que las reacciones emocionales abrumen el proceso.
- Compartir su dolor con los demás: esforzarse por tener grupos para escuchar que compartan cosas personales. Encontrar a un grupo que pueda liderar naturalmente.
- Divertirse juntos. Organizar reuniones para cantar y compartir testimonios de sanidad de traumas, realización de dramatizaciones, concursos, deportes o celebraciones.

Sugiere que los que sobrellevan trauma continuo revisen estas listas cada mes y prueben algo diferente.

EJERCICIO OPCIONAL DE CLAUSURA

Cuando se enfrenta a un trauma continuo, puede ser de ayuda recordar que Dios nos conoce íntimamente y nos ama. Lea los siguientes versículos: Salmos 139:1–6 y 1 Corintios 8:3.

CONVERSACIÓN EN PAREJAS

¿Qué significa que Dios nos conoce?

Converse cómo podrían usar este ejercicio los participantes en su contexto.

N. Escuchar en nivel avanzado (50 min) —*opcional, combinado con la lección de Sanar*

Introducción (5 min)

Parafrasear lo siguiente:

Hemos aprendido cómo ayudar a las personas a contar su historia. [Repase las tres preguntas para escuchar].

Aprenderemos a hacerlo cada vez mejor.

- Cuando las personas han tenido una serie de experiencias dolorosas, sus vidas son como una **bola de hilo con nudos**. Permita que le digan por dónde quieren empezar a desatar el hilo. En general, es mejor empezar con una experiencia menos dolorosa y pasar gradualmente a las experiencias más dolorosas.
- La gente puede contar su historia poco a poco, como **capas de cebolla**. No trate de resolver todo a la vez.
- El objetivo no es revivir la experiencia sino contar todo lo que puedan gradualmente. **Manténgalos en el presente:** respirando profundamente, mirando, oliendo o tocando algo, etc. Consulte con ellos periódicamente mientras cuentan su historia y pregúnteles: "¿Cómo se siente ahora? ¿Le gustaría tomarse un descanso?".
- El trauma nos desconecta. Desconecta a la persona de sí misma, de los demás y de Dios. Incluso dentro de su propio cerebro, existe una desconexión. **La reconexión comienza cuando las personas cuentan la historia en un entorno seguro.** Pueden asociar nuevos recuerdos con ella.

1. Preguntas que ayudan a las personas a ver su experiencia de una manera diferente

CONVERSACIÓN EN GRUPO GRANDE (5 MIN)

¿Qué tipo de preguntas podrían hacer a alguien para ayudarlos a **ver su experiencia de una manera diferente?**

Obtenga retroalimentación, luego haga un seguimiento con estas preguntas:

1. ¿Qué le dio la fuerza y le ayudó a superarlo?
2. ¿Dónde piensa o se siente que estaba Dios durante esta experiencia?
3. ¿Pudo ayudar a otros de alguna manera? Explique.

EJERCICIO PARA ESCUCHAR, EN PAREJAS (12 MIN)

En parejas, comparta una experiencia dolorosa. Cuando usted sea el que escucha, trate de usar las tres nuevas preguntas para ayudar a que la otra persona vea su experiencia de una manera diferente.

CONVERSACIÓN EN GRUPO GRANDE (5 MIN)

1. ¿Cómo se sintió durante este ejercicio?
2. ¿Hubo algo difícil?
3. ¿Qué hizo bien el oyente?

2. Preguntas que ayudan a las personas para encontrar soluciones prácticas a sus problemas

CONVERSACIÓN EN GRUPOS GRANDES (5 MIN)

¿Qué tipo de preguntas podría hacer a alguien para ayudarlo a encontrar **soluciones prácticas** para sus propios problemas?

Obtenga comentarios, luego haga un seguimiento con estas preguntas:

1. ¿Qué cosas ha intentado?
2. ¿Qué recursos tiene? ¿Qué otras fuentes de ayuda podría haber?
3. ¿Qué otras cosas podría intentar?
4. ¿Cuál parece ser mejor?

EJERCICIO PARA ESCUCHAR, EN PAREJAS (12 MIN)

En parejas, comparta una situación difícil. Cuando usted sea el que escucha, trate de usar una o más de las nuevas preguntas, para ayudar al participante a resolver problemas de manera práctica.

CONVERSACIÓN EN GRUPO GRANDE (5 MIN)

1. ¿Cómo se sintió durante este ejercicio?
2. ¿Hubo algo difícil?
3. ¿Qué hizo bien el oyente?

O. Ejercicio de línea de tiempo (30–45 min) —*opcional, combinado con la lección de Sanar, o con la clausura de un grupo para sanar, "Mirar hacia atras…".*

Explique a los participantes que las líneas de tiempo de los traumas muestran visualmente los traumas significativos que han experimentado una persona o una comunidad. Esto puede servir como base para compartir y hablar. Este ejercicio puede ser una adición útil a un grupo para sanar.

Distribuya una hoja de papel en blanco a cada participante y guíelos a través del siguiente ejercicio y las preguntas. (Si un grupo ha compartido la misma historia de trauma, pueden hacer una línea de tiempo del trauma que han experimentado como grupo).

EJERCICIO INDIVIDUAL

Haga una línea de tiempo:

1. Coloque una hoja de papel de manera horizontal.
2. Trace una línea a lo largo del papel a unas dos pulgadas (5 cm) de la parte superior.
   - Ponga su fecha de nacimiento en el extremo izquierdo.
   - Ponga el año actual en el extremo derecho.
   - Marque la mitad de su edad en el medio de la línea de tiempo.
3. Piense en los acontecimientos importantes de su vida, tanto buenos como malos. Márquelos en la línea de tiempo y coloque la fecha del evento encima de la línea.
4. Gire su papel a la orientación vertical normal y escriba una breve descripción de cada evento o un pequeño dibujo.

Compartan sobre su línea de tiempo, especialmente sobre traumas que todavía lo están afectando.

CONVERSACIÓN EN GRUPO GRANDE

1. ¿Cómo se sintió durante este ejercicio?
2. ¿Qué le sorprendió?

Converse cómo los participantes podrían usar este ejercicio en su contexto.

P. Reconociendo el agotamiento (15–30 min) —*opcional, combinado con la lección de Cuidando al que cuida*

Pida a los participantes que completen el ejercicio de agotamiento en el Apéndice (esto se puede hacer como tarea la noche anterior a la sesión). Haga que sumen su puntaje total. Mencione que aquellos que se sitúan entre el rango alto y muy alto deben buscar ayuda para reducir su riesgo de agotamiento.

Converse sobre las siguientes preguntas en parejas o en grupos pequeños.

CONVERSACIÓN EN GRUPOS PEQUEÑOS

1. ¿Cuáles son las fuentes de su estrés?
2. ¿Qué pasos prácticos puede tomar para tener un estilo de vida más saludable?
3. ¿Qué paso se comprometerá a dar esta semana?
4. ¿Quién se pondrá en contacto con usted sobre esto? (Anote su nombre e información de contacto)

Pida que los participantes oren unos por otros.

Q. Superar los prejuicios (60 min) —*opcional, combinado con la lección de Conflicto*

Lea la siguiente introducción, luego guíe a los participantes a través de las preguntas de reflexión.

Introducción

Todos crecemos con prejuicios. Por ejemplo, un africano vino a Estados Unidos para asistir a una conferencia. Después de la cena, caminó tratando de encontrar a alguien con quien conversar, pero no encontró a nadie. "Oh, los estadounidenses son gente muy mala. Ellos se separan y no se visitan unos a otros". Poco tiempo después, entró y encontró un grupo de personas ocupadas conversando. Se dio cuenta de que su juicio sobre estos estadounidenses no era correcto.

Los prejuicios pueden evitar que veamos a las personas como Dios las ve, y pueden alimentar conflictos, guerras y disputas. En Romanos 12:2, el apóstol Pablo nos dice: "Y no vivan ya como vive todo el mundo. Al contrario, cambien de manera de ser y de pensar. Así podrán saber qué es lo que Dios quiere, es decir, todo lo que es bueno, agradable y perfecto". ¿Cómo podemos reconocer nuestros prejuicios para detener el conflicto de raíz?

CONVERSACIÓN EN GRUPO GRANDE

Lea las tres escenas siguientes y converse estas preguntas sobre cada una.

1. ¿Qué juicio hizo?

2. ¿Qué pasó exactamente?

3. ¿Cuál podría ser otra explicación del comportamiento de las personas?

A. Una noche, una señora estaba comprando leche en una tienda pequeña, de pronto entraron cuatro jóvenes vestidos de cierta manera, llegaron a comprar algunas bebidas. Se estaban riendo y hablando en un idioma que ella no podía entender. Se preocupó y salió de la tienda lo más rápido que pudo.

B. Juan era gerente. Su empresa había anunciado la contratación de una nueva recepcionista. Revisó las solicitudes y eligió cuatro para convocar entrevistas. Casi sin pensarlo, rechazó las solicitudes de personas que tenían nombres que le decían que eran de cierta etnia.

C. Dos maestros estaban hablando después de la escuela. El más joven dijo: "No sé qué hacer con los niños de mi clase que vienen desde el norte; simplemente no saben nada". El maestro mayor respondió: "No te preocupes por ellos, toda la gente del norte es lenta y tonta".

CONVERSACIÓN EN GRUPOS PEQUEÑOS

Piense por un momento cuando hizo un juicio de valor, es decir, cuando sintió que el comportamiento de alguien era extraño y solo pudo explicarlo diciendo algo como: "La gente del norte es estúpida/lenta/orgullosa/… ". Responda estas preguntas:

1. ¿Qué juicios hizo?

2. ¿Qué pasó exactamente?

3. ¿Cuál podría ser otra explicación del comportamiento de las personas?

R. Ceremonia del perdón (75 min) —*opcional*

La ceremonia del perdón brinda a los individuos y grupos la oportunidad de confesar la amargura que tienen en sus corazones y las ofensas que han cometido contra otros, y recibir el perdón de Dios. A veces se usa como la reunión de clausura de la leccion de Perdón o al final de una sesión de capacitación avanzada. También hay la opción de usarlo con la lección de Conflictos, explicado al final de la descripción de la ceremonia.

Preparación

- Preparar canciones adecuadas para la ceremonia.
- Preparar hojas de papel, cortadas a la mitad; bolígrafos; pañuelos faciales desechables; una cruz; una caja o canasta; un lugar para quemar los papeles de forma segura; una cuchara o un trozo de metal para revolver el fuego; un cubo de agua.

CEREMONIA

Introducción

Comience con una canción —"Cristo me ama" o una canción que hable sobre la muerte de Cristo, por ejemplo. Ahora lea lo siguiente en voz alta, excepto las referencias de los versículos entre paréntesis:

Hemos invertido tiempo juntos para hablar sobre el dolor y el trauma, y es posible que esto le haya ayudado a reconocer que aún está llevando algún dolor. O que tal vez haya amargura en su interior, que no ha perdonado a quienes le han lastimado. O se ha dado cuenta de que ha lastimado a otros y necesita pedirles perdón. En esta ceremonia del perdón, tenemos la oportunidad de pedirle a Dios que nos perdone y que nos ayude a perdonar a los demás, mientras llevamos nuestro dolor y nuestro pecado a la cruz.

En la lección del Perdón aprendimos que perdonar a otros implica llevar a Cristo el dolor que nos causó la ofensa. Sabemos que Dios quiere que perdonemos a los demás. Cada vez que hacemos la Oración del Padre Nuestro recordamos las palabras de Jesús, "Perdónanos nuestros pecados, porque también nosotros perdonamos a todos los que nos han hecho mal" (Lucas 11:4). Jesús también dijo: "Si ustedes perdonan a otros el mal que les han hecho, Dios, su Padre que está en el cielo, los perdonará a ustedes. Pero si ustedes no perdonan a los demás, tampoco su Padre los perdonará a ustedes" (Mateo 6:14–15).

Perdonar a los demás nos permite recibir el perdón de Dios. El perdón también muestra que entendemos y valoramos el sacrificio que Cristo hizo en la cruz por nuestros pecados. No seamos como el siervo al que se le perdonó una deuda enorme, pero después se negó a perdonarle a su hermano una deuda pequeña.

Sabemos que Dios nos responde cuando nos arrepentimos. El apóstol Juan dice: "Pero si reconocemos ante Dios que hemos pecado, podemos estar seguros de que él, que es justo, nos perdonará y nos limpiará de toda maldad" (1 Juan 1:9).

Jesús conoce el costo del pecado en nuestras vidas y en las vidas de los demás. Él tomó ese pecado sobre sí mismo cuando sufrió y murió en la cruz. En Hebreos leemos que "Cristo se ha ofrecido una sola vez para que muchos seamos perdonados de nuestros pecados" (Hebreos 9:28a), y que "Dios nos eligió porque Jesucristo obedeció sus órdenes al morir en la cruz, y ofreció su cuerpo como sacrificio una sola vez y para siempre" (Hebreos 10:10).

Nuestras vidas ahora deben reflejar el perdón que Jesús ofrece a través de su muerte. Escucha las palabras del Apóstol Pablo:

> *Queridos hermanos, no busquen la venganza, sino dejen que Dios se encargue de castigar a los malvados. Pues en la Biblia Dios dice: "A mí me toca vengarme. Yo le daré a cada cual su merecido". Y también dice: "Si tu enemigo tiene hambre, dale de comer; si tiene sed, dale de beber. Así harás que le arda la cara de vergüenza." No se dejen vencer por el mal. Al contrario, triunfen sobre el mal haciendo el bien (Romanos 12:19–21).*

En la primera parte de esta ceremonia del perdón, pasaremos tiempo a solas con Dios. Después tendremos la oportunidad de compartir y orar en grupos de dos o tres. Finalmente, llevaremos nuestro pecado, dolor y amargura a la cruz de Cristo.

Tiempo de reflexión (15–20 min)

Lea en voz alta: Tómese un tiempo a solas para pensar y orar por cualquier amargura que haya en su corazón. ¿Hay alguien a quien necesite perdonar? ¿O ha lastimado a alguien y necesita pedirle perdón? En un pedazo de papel, escriba cualquier amargura que quiera entregarle a Dios, y cualquier ofensa que usted haya causado y quiera confesar a Dios. O quizás algún otro dolor que usted esté cargando venga a la mente. Escriba eso en el papel, también. Encuentre un lugar tranquilo ahora, donde pueda escuchar a Dios.

Compartir en grupos pequeños (15–20 min)

Lea en voz alta: Divídanse en grupos de dos o tres. Compartan con los demás brevemente, tanto o tan poco como deseen. No es necesario compartir nombres o situaciones específicas. Al terminar oren uno por el otro.

Llevar nuestra amargura, pecado y dolor a la cruz (10 min)

Reúna de nuevo a todo el grupo. Canten juntos una canción de confianza y entrega a Dios como "El Espíritu de Dios está aquí" o "Renuévame".

Lea en voz alta: Hermanos y hermanas, Cristo sufrió y murió para liberarnos de la amargura y el pecado, y para traernos sanidad. El profeta Isaías escribió:

> *A pesar de todo esto, él cargó con nuestras enfermedades y soportó nuestros dolores. Nosotros pensamos que Dios lo había herido y humillado. Pero él fue herido por nuestras rebeliones, fue golpeado por nuestras maldades; él sufrió en nuestro lugar, y gracias a sus heridas recibimos la paz y fuimos sanados. Todos andábamos perdidos, como suelen andar las ovejas. Cada uno hacía lo que bien le parecía; pero Dios hizo recaer en su fiel servidor el castigo que nosotros merecíamos (Isaías 53:4–6).*

Ahora estamos listos para llevar nuestros papeles a la cruz. Hacemos esto como una señal de que estamos renunciando a la amargura y perdonando a aquellos que nos han lastimado, que nos arrepentimos de nuestros pecados de lastimar a otros, y que estamos llevando nuestro dolor a Dios y pidiéndole que lo quite de nosotros.

Cuando esté listo, lleve su papel a la cruz, y declare: "Estoy entregando mis pecados, mi amargura, y mi dolor a Jesús, quien murió por mí en la cruz".

Cuando todos los papeles estén en la cruz, lea la siguiente oración:

> *Padre todopoderoso y misericordioso,*
> *nos hemos extraviado y nos hemos desviado de tus caminos como ovejas perdidas,*
> *hemos obedecido nuestros deseos y nuestros propios corazones,*
> *hemos ofendido tu ley santa,*
> *nos hemos alejado, y hemos dejado de hacer las cosas que debíamos haber hecho,*
> *y hemos hecho lo que no debíamos haber hecho.*
> *Señor, ten misericordia de nosotros,*
> *perdona a los que confiesan sus faltas, restaura a los que se arrepienten,*
> *según las promesas que has hecho a la humanidad en Cristo Jesús, Señor nuestro;*
> *y concédenos, oh Padre misericordioso, por amor a tu nombre, que de ahora en adelante podamos vivir una vida piadosa, justa y sobria, para la gloria de tu santo nombre. Amén.*
> (Adaptado del *Libro de oración común*)

Ahora lleve todos los papeles afuera y quémelos.

Lea en voz alta: Quemamos los papeles para mostrar que nuestro sufrimiento, amargura y pecado se han convertido en cenizas. Nos dice la Biblia: "Apartó de nosotros los pecados que cometimos del mismo modo que apartó los extremos de la tierra" (Salmos 103:12).

Dios nos ofrece una corona de belleza y nos llama para hacer una nueva obra. Como dijo el profeta Isaías:

> *El espíritu de Dios está sobre mí,*
> *porque Dios me eligió y me envió*
> *para dar buenas noticias a los pobres,*
> *para consolar a los afligidos,*
> *y para anunciarles a los prisioneros*
> *que pronto van a quedar en libertad.*
> *Dios también me envió para anunciar:*
> *"Este es el tiempo que Dios eligió*
> *para darnos salvación,*
> *y para vengarse de nuestros enemigos."*

Dios también me envió
para consolar a los tristes,
para cambiar su derrota en victoria,
y su tristeza en un canto de alabanza.
Entonces los llamarán:
"Robles victoriosos,

plantados por Dios
para manifestar su poder."
Ustedes, habitantes de Jerusalén,
reconstruirán las ciudades antiguas
que quedaron en ruinas.
(Isaías 61:1–4).

Alabanza y conclusión

Canten una canción de alabanza, como "Tú eres mi fortaleza" o "Solamente en Cristo". En el grupo grande, ofrezca la oportunidad de compartir las cosas buenas que Dios ha hecho. Si hay personas en el grupo que necesitan perdonarse unos a otros, o pedir perdón, anímelos a buscar el tiempo para hacerlo.
Pueden cerrar orando juntos, por ejemplo, el Padrenuestro.

ALTERNATIVA PARA EL CONFLICTO ENTRE GRUPOS

Si está abordando conflictos entre grupos, divídanse en los grupos en conflicto para el tiempo de conversación. Haga que cada grupo converse sobre los pecados que su grupo ha cometido contra otro(s) grupo(s) e identifique cualquier amargura que estén listos para entregar a Cristo en nombre de su grupo. Luego, durante el tiempo para compartir y orar, reúnase en el grupo grande y pida que un representante de cada grupo confiese los pecados o la amargura de su grupo. Que los grupos oren unos por otros. Luego pida que cada grupo traiga su papel a la cruz para quemarlo y concluya la ceremonia como se mencionó anteriormente. Enfatice el desafío del nuevo llamado identificado en Isaías 61:4.

S. Prueba (30 min)

Entregue a todos la prueba escrita. Si lo prefiere, asígnalo como una tarea para hacer en casa. Si tiene tiempo, califique los exámenes junto con el grupo. De lo contrario, califique los exámenes ese mismo día/noche. Devuelva las pruebas calificadas al día siguiente. Asegúrese de recoger las pruebas después.

T. Recursos en línea: Sitio web del Instituto de Sanidad del Trauma y plataforma de informes (60 min)

Para esta sesión, es ideal proyectar el sitio web de THI (TraumaHealingInstitute.org) en una pantalla, para que todos los participantes puedan verlo juntos. Si no tendrá acceso a internet en su lugar de equipamiento, imprima algunos ejemplos de la información a continuación.

El sitio web de THI

- Pregunte a los participantes si han accedido al sitio web de THI y, en caso afirmativo, que compartan con qué propósito.
- Revise la información disponible, especialmente los próximos **eventos** y capacitaciones, videos y folletos en inglés, francés y español, y más.
- Pregunte a los participantes si han **creado una cuenta de usuario** en el sitio web del facilitador, protegido por contraseña. Si alguno de los participantes no lo ha hecho, indique

cómo hacerlo (o pida a un participante que tiene acceso que muestre cómo hacerlo). Indicar cómo actualizar su perfil.

- Mostrar a los participantes la variedad de **materiales** que están disponibles en el sitio web del facilitador. Señale las ayudas para liderar grupos para sanar en línea. Explique que los materiales a los que podrán acceder dependerán de su nivel de certificación.

- Mostrar dónde encontrar y cómo llenar los **informes de grupos para sanar** y de mini-sesiones en línea. Si no pueden hacerlo de esa manera, deben entregar los informes a su mentor o coordinador del programa de Sanidad del Trauma. Solo es necesario entregar los informes de una manera.

Plataforma de informes

- Mostrar a los participantes los diferentes tipos de informes en la plataforma.

- Si fuera apropiado, demostrar cómo ingresar un informe de capacitación y crear los perfiles de los participantes, lo que necesitarán para crear sus propios perfiles en la página del facilitador del sitio web de THI y poder acceder los materiales.

- Explorar los diversos tipos de información disponibles en la plataforma, como facilitadores, organizaciones, idiomas, lugares y tipos de sesiones.

- Si necesita ingresar información confidencial debido a problemas de seguridad, pueden marcar la casilla Confidencial al ingresar informes o crear perfiles. Explique que esto hará que la información sea invisible para todos excepto para los Administradores: si quieren que otros facilitadores puedan encontrar los perfiles en la plataforma de informes no deben marcar Confidencial.

U. Materiales para capacitadores: Dirigir sesiones informativas (30 min) y Dirigir sesiones de capacitación inicial (60 min)

Si fuera posible, pida a los participantes que lean con anticipación las siguientes secciones del *Manual avanzado del facilitador* como tarea, y que anoten cualquier pregunta que tengan acerca de: "Dirigir las sesiones informativas" y "Dirigir las sesiones de capacitación inicial". Revisar el contenido de estas secciones, incluyendo algunas actividades participativas, tales como:

Sesión informativa

- Divida a los participantes en dos equipos y haga un juego, interrogando a los participantes sobre las responsabilidades del anfitrión y el facilitador.

- Divida a los participantes en dos equipos: anfitrión y facilitador. Dele tres minutos para hablar de la información básica que necesitan para ponerse de acuerdo con respecto a la sesión informativa que están planeando juntos (es decir, fecha, duración, lugar, etc.). Dé 10 a 15 minutos para que cada equipo haga lo siguiente:

  - Anfitrión: preparar un presupuesto imaginario.
  - Facilitador: crear un horario detallado, asignando diferentes partes de la sesión a diferentes miembros del equipo.

- Juntos: llenar un informe de sesión informativa imaginaria.

Sesión de capacitación

- Divida a los participantes en dos equipos y haga un juego, interrogando a los participantes sobre las responsabilidades del anfitrión y el facilitador. Vea el sitio web del facilitador de THI para un ejemplo de este juego.

- Pídales que trabajen en grupos para desarrollar un horario para una capacitación inicial, que tenga un horario irregular, como el jueves por la noche, todo el día el viernes, todo el día el sábado y el domingo por la tarde. Refiéralos al contenido requerido para una capacitación inicial (véase "Horarios para sesiones iniciales").

- Dé a los participantes algunas hojas de cálculo (reales o ficticias) de información del participante y pídales que registren las puntuaciones, el tipo de certificado, el nombre del mentor y los comentarios en el registro de cada participante.

Opción: si este contenido será cubierto en detalle con los Facilitadores de Capacitación después de la capacitación (es decir, en una reunión presencial o virtual, o en una conferencia telefónica), haga una sesión de "Orientación para los materiales para capacitadores" de 15 a 30 minutos con todo el grupo durante la capacitación.

V. Plan de acción (60-90 min)

1. Coloque un mapa impreso del país y haga que los participantes marquen dónde han hecho grupos para sanar. A continuación, tenga en cuenta a qué partes del país aún no se ha llegado.

2. Agrupe a los participantes por equipos regionales y darles tiempo para establecer metas de 12 meses, utilizando las preguntas y el gráfico en la plantilla del plan de acción (Apéndice, página 120). Incluya planes para una reunión con la comunidad de práctica en el país/área. En algunos casos, esto significará unirse a una comunidad establecida; en otros casos significará iniciar una comunidad de práctica.

3. Comparta estos planes con el grupo grande.

4. Asigne mentores y establezca claramente el canal para compartir informes: los facilitadores ingresarán sus propios informes. Si esto no fuera posible, concuerde sobre quién se encargaría de ingresar sus informes.

5. Haga una lluvia de ideas sobre formas adicionales de "cultivar nuestra comunidad de práctica": maneras en que el grupo podría mantenerse en contacto para apoyarse y alentarse mutuamente en el trabajo de Sanidad del Trauma.

6. Haga una lluvia de ideas sobre las preguntas de "financiamiento local" en grupos pequeños, luego obtenga comentarios en el grupo grande. Para que la Sanidad del Trauma sea continua, necesita ser apoyada desde la economía local, si es posible. Los grupos para sanar normalmente no necesitan fondos, pero las sesiones informativas y de capacitación, y las reuniones de la comunidad de práctica, sí.

W. Formulario de comentarios de los participantes (10 min)

Pida a los participantes que completen el formulario de "Comentarios de los participantes para la capacitación avanzada" (Apéndice, página 123).

X. Ceremonia de clausura (20 min, mínimo)

La duración y el contenido de la ceremonia de clausura de una sesión de capacitación dependen de la cultura local. Puede ser un cierre corto y casual o un evento más largo con discursos, testimonios y oraciones. Personas ajenas al grupo pueden ser invitados. Siempre incluya la entrega de los certificados.

La ceremonia de clausura es una buena oportunidad para tomar una foto del grupo. Asegúrese de que todos los que aparecen en la foto hayan firmado el formulario de autorización grupal (Apéndice, página 108).

La ceremonia termina la sesión de capacitación con una oración de bendición sobre los ministerios de los participantes.

LIDERAR REUNIONES DE LA COMUNIDAD DE PRÁCTICA

Liderar reuniones de la comunidad de práctica

La comunidad de práctica de Sanidad del Trauma (CP) es un grupo de personas que ayudan a las personas que sufren de trauma. Esto puede ser simplemente un grupo de facilitadores que se reúnen periódicamente para mantener contacto, compartir experiencias y/o aprender juntos sobre temas específicos. O puede ser un evento más formal, como se describe a continuación, que incluye profesionales de la salud mental, administradores, financiadores y facilitadores.

Una vez que la Sanidad del Trauma está en marcha en un área es el momento de organizar una reunión regular de la CP, para continuar mejorando las habilidades, el ministerio y la motivación para la obra. Estas reuniones se pueden organizar a nivel nacional, regional o municipal.

La necesidad de Sanidad del Trauma es tan grande y urgente que las iglesias y organizaciones no pueden permitirse el lujo de trabajar aisladas unas de otras.

Resultados deseados

- Aumentar las habilidades y el conocimiento de los facilitadores.
- Aumentar la conciencia del modelo del programa de Sanidad del Trauma y los materiales, para aquellos que aún no lo conocen.
- Compartir desarrollos en el modelo de Sanidad del Trauma y de materiales.
- Elaborar estrategias conjuntas para responder a los desafíos actuales y aprovechar los ministerios de los demás.
- Desarrollar relaciones personales con otras personas que trabajan en el cuidado de traumas.
- Animarse unos a otros y orar unos por otros.

A quién invitar

- Facilitadores Máster y Facilitadores de Capacitación en el área.
- Profesionales de la salud mental.
- Líderes de todas las iglesias de la zona.
- Líderes de organizaciones.
- Socios financieros.

Planificación del programa

Una reunión de la comunidad de práctica puede ser en línea o en persona y puede durar unas pocas horas o hasta tres días. El horario puede incluir:

- Informes de personas sobre sus actividades de Sanidad del Trauma, desafíos y logros. Prepare un mapa grande del área y pida que las personas indiquen dónde están trabajando. Evalúe dónde es fuerte el programa de Sanidad del Trauma y dónde todavía se necesita.
- Noticias de Sanidad del Trauma de todo el mundo.

- Evaluación de la necesidad actual de Sanidad del Trauma en el área.
- Desarrollo profesional: identificar temas relevantes y encontrar un profesional de salud mental local o externo para dar una presentación temática. Puede encontrar recursos útiles en el sitio web de THI.
- Resolución de problemas.
- Resultados de investigaciones.
- Planificación para el futuro.
- Sesiones de cuidando al que cuida.
- Oración.

Opciones de presupuesto

Hay varias opciones para financiar una reunión de CP:

1. La matrícula cubre todos los gastos. Puede tener becas disponibles para satisfacer necesidades específicas.
2. Los participantes pagan su viaje pero los gastos en el sitio son cubiertos por la organización anfitriona.
3. Todos los gastos son cubiertos por la organización anfitriona.

Informe

Complete el informe para guardar un registro de su sesión (Apéndice, página 127).

APÉNDICE

La confidencialidad

La Biblia repetidamente advierte contra el chisme e indica que una persona confiable guarda un secreto. El proceso de Sanidad del Trauma requiere un espacio seguro para que las personas trabajen a través de los materiales y sus propias experiencias. Como condición para participar, a los miembros de los grupos para sanar se les pide que no compartan información sobre otras personas en el grupo. Podemos contar nuestras propias historias a cualquiera que deseemos, pero solo debemos contar la historia de otra persona con su permiso.

El facilitador también mantendrá la confidencialidad. Sin embargo, hay ciertas situaciones en las que puede ser necesario que un facilitador comparta información con otros. Considere las situaciones a continuación e investigue con anticipación las leyes de su país.

1. **Abuso de un niño.** Si durante el curso de un grupo para sanar, un facilitador se entera de que un menor está siendo abusado sexual o físicamente, debe reportarlo inmediatamente a las autoridades apropiadas (policía, línea directa de abuso infantil, etc.) y más tarde a los líderes de la iglesia o del ministerio, si es apropiado. En muchos lugares no informar puede tener consecuencias legales. Los requisitos de presentación de informes varían, por lo que es importante que los facilitadores conozcan los requisitos en su área. (En los EE.UU., véase childwelfare.gov para obtener información sobre las directrices federales y estatales).

   La motivación para la presentación de informes no es simplemente evitar consecuencias jurídicas. La protección de aquellos que son vulnerables, especialmente los niños, está en el corazón de la fe cristiana (Mateo 18:6; Proverbios 31:8; Salmos 82:3–4; Deuteronomio 24:17; Santiago 1:27). Los cristianos deben hablar por aquellos que están siendo abusados y buscar justicia, no solo hacer el mínimo legal. Denunciar el abuso contra los niños es siempre lo mejor para la iglesia y para las víctimas, incluso si parece doler más al principio. Si su iglesia o ministerio aún no tiene procedimientos de prevención y denuncia de abuso, busque la ayuda de expertos locales para elaborar dichos procedimientos.

2. **Abuso de ancianos y personas con discapacidades.** Si bien no en todos los países la ley exige que se denuncie este tipo de abuso a las autoridades, sí se anima a que se denuncie.

3. **Abuso de un adulto.** Los facilitadores no están obligados por ley a denunciar la violencia física o sexual contra un adulto, y hacerlo podría dañar a la víctima. La denuncia nunca debe hacerse sin el permiso de la víctima y nunca debe ser forzada. Esas decisiones deben adoptarse con fines de seguridad e incluir a la víctima en la planificación siempre que sea posible.

4. **Suicidio.** Los facilitadores y las personas que no son profesionales de la salud mental no están obligados por ley a denunciar a las personas suicidas. Sin embargo, deben considerar medidas de seguridad (véase la lección de Suicidio) y llamar a la policía.

5. **Homicidio.** Si un facilitador se entera de la intención de un participante de dañar a otra persona, el facilitador está en libertad de advertir a la víctima prevista y debe considerar seriamente notificar a la policía.

Principios de bienestar

Independientemente de su edad, las personas que tienen buenos niveles de salud emocional y un sentido general de bienestar lo hacen debido a las creencias y suposiciones fundamentales que sostienen en relación con su autoconcepto y visión del mundo.

Específicamente, cuando la percepción del mundo de una persona no ha sido interrumpida por una experiencia traumática, tres supuestos apoyan una sensación de bienestar:

1. El mundo tiene sentido.
2. La justicia está disponible.
3. Soy una persona de valor.

"El mundo tiene sentido" significa que el individuo puede confiar en una cierta previsibilidad en sus vidas y en los sistemas que le dan estructura, y siente cierto sentido de control sobre sus elecciones o las elecciones que hacen por ellos las personas en quienes confían.

"La justicia está disponible" significa que el individuo siente que cualquier mal que pueda suceder en su mundo puede corregirse de alguna manera, ya sea ahora o en el futuro, por alguna agencia, ya sea un individuo, un sistema o una intervención divina.

"Soy una persona de valor" significa que el individuo tiene un sentido de autoestima, de ser específicamente importante para otras personas, y de ser digno de respeto y dignidad.

Cuando el trauma enterviene en la vida de un individuo, estos tres principios se rompen, y la persona se queda con estas creencias:

1. El mundo no tiene sentido.
2. No hay justicia.
3. No soy una persona de valor.

Una forma de explicar la Sanidad del Trauma es como el proceso de restaurar al individuo a un estado emocional donde puede creer de nuevo, o por primera vez, en los tres principios del bienestar.

A través de Sanidad del Trauma podemos:

1. Restaurar la causalidad: hay una razón para el quebrantamiento y el mal en el mundo. (Romanos 5:18; 8:19–22).
2. Restaurar la esperanza y la ministración: Dios es justo y hace justicia frente al mal. (Deuteronomio 10:17–18; Isaías 30:18).
3. Restaurar el valor propio: cada persona tiene un valor intrínseco creado por un Dios amoroso. (1 Corintios 3:16; 2 Corintios 5:17; Romanos 8:35, 38–39).

Por lo general, la restauración de la esperanza conduce a un renovado sentido de pertenencia, el reconocimiento de que no somos solo víctimas de las circunstancias, sino que nuestras elecciones y acciones pueden marcar una diferencia en nuestras vidas y en el mundo.

Manejo de la dinámica de grupos

COMPORTAMIENTOS DESAFIANTES	POSIBLES SOLUCIONES
Hablador: Esta persona domina los grupos hablando todo el tiempo.	"Escuchemos a alguien más ahora". También puede ser útil revisar el compromiso del grupo respecto a compartir el tiempo y dar a todos la oportunidad de hablar. Considere pedir a los participantes que se limiten a uno o dos comentarios por conversación grupal. A veces las personas que suelen hablar mucho no son conscientes de que están dominando, y es posible que tenga que hablar con ellos en privado.
Callado: Esta persona no participa en la conversación.	"¿Qué opina sobre esta pregunta?". No fuerce a una persona callada a compartir si no quiere, pero trate de hacer espacio para que lo haga si lo desea.
Fuera de tema: Esta persona puede tomar cualquier tema fuera del curso, en una dirección diferente a la que el facilitador desea.	Respetuosamente recuérdeles el tema y guíe al grupo de nuevo a la pregunta que se está hablando en ese momento. Utilice el "Estacionamiento", según sea necesario (véase página 192 en el *Guía del facilitador de grupos para sanar*).
Mal informado: Esta persona da información incorrecta.	Pregunte al grupo si alguien desea comentar. Deje que el grupo se corrija a sí mismo, si es posible, pero no deje que las ideas equivocadas no se corrijan. Recuerde siempre ser respetuoso.
Abrumado: Esta persona estalla en sollozos y lágrimas, incapaz de manejar las emociones.	Uno de los facilitadores pueda ir con esta persona a un lugar tranquilo donde puedan hablar y la persona puede retomar el control de sus emociones.
Abrumador: Alguien puede contar su historia de una manera tan gráfica que traumatiza a los demás.	Antes de que comiencen a compartir, guía al grupo para que comparta sus historias sin contar detalles horribles que puedan molestar a los demás.
Espiritual: No importa el problema, esta persona es rápida para ofrecer un versículo de la Biblia y consejos. Minimizan el dolor de los demás o tratan de arreglar a todos en lugar de escuchar.	Antes de que comiencen a compartir, deje claro que el grupo está ahí para escuchar, no para arreglar o resolver problemas. Es importante para la sanidad que cada persona pueda pasar por su propio proceso.
Ofensivo: Alguien puede ser culturalmente inapropiado o irrespetuoso con otras tradiciones de fe.	Asegúrese de que nadie sea marginado. Es posible que tenga que confrontar a alguien en privado por el bien del grupo.

Competencias y capacidades del facilitador

1. Capaz de gestionar el bienestar personal
• Demuestra estabilidad emocional. No se abruma con problemas personales o familiares.
• Demuestra un buen autocuidado.
• Demuestra la capacidad de establecer límites apropiados con los participantes.
• Responde al estrés de la facilitación de manera saludable.
• Ayuda a otros sin sentirse abrumado.
2. Capaz de trabajar en equipo
• Da y recibe comentarios constructivos.
• Fiable para llevar a cabo las tareas asignadas.
• Aborda el conflicto de una manera oportuna y amable.
• Se relaciona bien con aquellos de diferentes tradiciones/culturas/razas/géneros de la iglesia.
• Demuestra conciencia de su impacto en los demás.
3. Capaz de ayudar a personas traumatizadas
• Muestra preocupación por la confidencialidad.
• Escucha bien y valida las experiencias de los participantes.
• Desarrolla confianza y muestra un cuidado genuino por los demás.
• Permite a las personas que procesen y compartan sus sentimientos.
• Responde apropiadamente al clima emocional del grupo.
4. Capaz de liderar grupos de manera participativa
• Enfatiza el conocimiento y las contribuciones de los participantes. Evita predicar y dar un sermón.
• Capaz de presentar de una manera atractiva.
• Maneja bien los comentarios de los participantes y los comportamientos desafiantes.
• Tiene buen manejo del tiempo.
• Capaz de juzgar qué secciones alargar/acortar/omitir dependiendo del contexto y la audiencia.
5. Demuestra comprensión del contenido
• Muestra una comprensión satisfactoria de las ideas claves del programa.
• Facilita de acuerdo con los objetivos de las lecciones y secciones.
• Capaz de transitar bien entre las secciones de una lección.
6. Comprometido a dedicarle tiempo a la sanidad del trauma

Dones, llamamiento y actividades del facilitador

Discernir si una persona debe convertirse en facilitador y el tipo de facilitador que coincida con sus dones y llamados se hace con oración a lo largo del tiempo, en diálogo entre el aprendiz, sus capacitadores y sus líderes organizacionales.

La certificación significa que THI afirma que tiene las competencias necesarias para llevar a cabo un ministerio de Sanidad de Trauma. Estas competencias pueden mejorar con el tiempo y esfuerzo, y su mentor puede trabajar con ellos para desarrollar un plan de crecimiento y aprendizaje continuo.

Si alguna vez se hace evidente que a un facilitador le falta una competencia, su certificación puede pasar al estado "inactivo" mientras se toma el tiempo para mejorar en esa área. Esto es tanto para el beneficio del facilitador como para el beneficio de aquellos a quienes busca ministrar.

NIVEL DE CERTIFICACIÓN	DONES Y LLAMAMIENTO	ACTIVIDAD
Facilitador de Grupo para sanar (el rol más importante en el programa)	• relaciones interpersonales • discipulado • **ayudar a individuos** en un ambiente de grupos pequeños	Ayudar a las personas heridas a través de: • dirigir grupos para sanar • escuchar y apoyar a las personas que utilizan los principios de *Sanar las heridas del corazón*
Facilitador de Capacitación	Igual que el anterior, además: • capacitar a otros para el ministerio • organizar y dirigir eventos de capacitación • hablar con grupos grandes	Continuar liderando grupos para sanar y capacitando a otros para que se conviertan en facilitadores efectivos de grupos para sanar: • organizar y ayudar a facilitar las sesiones iniciales de capacitación • asesorar y aprobar a nuevos Aprendices de Facilitadores • ser asesorado por un facilitador más experimentado
Facilitador Máster	Igual que el anterior, además: • estrategias y administración de programas ministeriales • detección de problemas y búsqueda de soluciones	Continuar las actividades anteriores, además de promover el crecimiento de la programación de Sanidad del Trauma mediante: • organizar y ayudar a facilitar sesiones de capacitación avanzada • aprobar y guiar a los Facilitadores de Capacitación • elaborar estrategias y tomar medidas para promover el ministerio de Sanidad del Trauma • participar en el desarrollo del programa

DESCRIPCIONES DETALLADAS

Facilitador de Grupo para sanar

¿Quién puede convertirse en un Facilitador de Grupo para sanar? Alguien que:

- Ha demostrado las competencias y capacidades del facilitador (arriba)

¿Qué hace un Facilitador del Grupo para sanar?

- Presenta el programa a los líderes de la iglesia para obtener permiso para organizar grupos para sanar y hacer sesiones informativas.
- Dirige con confianza grupos para sanar.
- Ofrece apoyo a los facilitadores de capacitación durante la realización de las sesiones informativas y de capacitación.
- Participa activamente en la comunidad de práctica local.
- Sigue el contenido del programa sin agregar otro material (puede cambiar los nombres/ detalles en las historias para adaptarse al contexto).
- Presenta informes de forma oportuna.

Facilitador de Capacitación

¿Quién puede convertirse en un Facilitador del Grupo para sanar? Alguien que:

- Ha demostrado los requisitos de un Facilitador de Grupo para sanar, además:
- Ha demostrado buenas habilidades en:
  - Cultivar el diálogo.
    - Hacer preguntas abiertas.
    - Crear un espacio de forma efectiva, para que todos los participantes compartan por igual.
    - Exteriorizar lo que el grupo ya sabe, agregando solo cuando sea necesario.
  - Saber hablar en público.
    - Tener una efectiva comunicación no verbal (contacto visual, gestos, movimiento).
    - Poseer una expresión vocal hábil (claridad, ritmo, volumen, tono).
    - Tener un equilibrio evidente, confianza, energía.
  - Poder dar retroalimentación, especialmente a los participantes con habilidades más débiles.
  - Estar dispuesto a recibir comentarios constructivos con humildad y apertura.
- Tiene una excelente comprensión del contenido del programa y método participativo.
- Está comprometido a liderar al menos una capacitación inicial al año.
- Está comprometido a liderar al menos un grupo para sanar al año.

¿Qué puede hacer un Facilitador de Capacitación?

- Lo mismo que el Facilitador del Grupo para sanar, además:
- Dirigir las sesiones informativas.
- Dirigir las sesiones de capacitación inicial.
  - La primera vez que lidera un equipamiento, debe codirigir con un facilitador que haya dirigido previamente una capacitación inicial. Si esto fuera imposible, debe estar en comunicación regular con dicho facilitador durante el proceso.
- Certificar y guiar a los Facilitadores Aprendices.

- Codirigir sesiones de capacitación avanzada con un Facilitador Máster.
- Establecer una comunidad de práctica local si no hay ninguna en el área.

Facilitador Máster en Entrenamiento

Cuando un Facilitador Máster ve que un Facilitador de Capacitación tiene las habilidades y el potencial para asumir la responsabilidad del nivel de máster, puede invitar a ese facilitador a entrar en una fase de transición llamada Facilitador Máster en Entrenamiento. El Facilitador Máster delegará tareas al Facilitador Máster en Entrenamiento, para hacer sesiones informativas y de equipamiento, y para organizar reuniones de la comunidad de práctica, observará su trabajo y le dará retroalimentación constructiva para el aprendizaje continuo.

Facilitador Máster

¿Quién puede convertirse en un Facilitador Máster? Alguien que:

- Demuestra los requisitos de un Facilitador de Grupo para sanar, además:
- Ha dirigido al menos una capacitación inicial de principio a fin (anuncio, registro, planificación, dotación de personal, organización de horarios, asignación de responsabilidades, gestión, dirección de reuniones de personal, presentación de informes) bajo la supervisión de un Facilitador Máster.
- Ha dirigido al menos una capacitación avanzada de principio a fin (anuncio, registro, planificación, dotación de personal, ejecución, presentación de informes) bajo la supervisión de un Facilitador Máster.
- Ha dirigido al menos una sesión informativa en consulta con un Facilitador Máster.
- Está comprometido a liderar al menos un grupo para sanar al año.
- Ha mentoreado activamente a una persona —al menos— en Sanidad del Trauma.
- Ha dirigido dominio de todos los aspectos del contenido y método del programa.
- Ha dirigido decisiones consistentes y sabias con respecto a la certificación de los participantes y la capacidad de retractarse de la certificación cuando fue necesario.
- Ha dirigido una capacidad consistente para propiciar, recibir y dar comentarios constructivos.
- Ha dirigido una sensibilidad intercultural consistente y la capacidad de contextualizar adecuadamente el contenido del programa.
- Ha participado activamente en una comunidad de práctica, ya sea en persona o a través de los medios de comunicación, dependiendo de la disponibilidad.
- Ha mostrado voluntad y deseo de seguir siendo asesorado por compañeros y Facilitadores Máster más experimentados para el crecimiento.

¿Qué puede hacer un Facilitador Máster?

- Igual que el Facilitador de Capacitación, además:
- Dirigir sesiones de capacitación inicial y avanzado con otros facilitadores.
- Certificar y guiar a todos los niveles de facilitadores.
- Planificar e implementar estratégicamente programas de Sanidad del Trauma.
- Participar en el desarrollo de nuevos materiales y conjuntos de historias en colaboración apropiada con Instituto de Sanidad del Trauma.
- Buscar proactivamente oportunidades para crecer en sus habilidades y aprender de los demás.

La historia de *Sanar las heridas del corazón*

¿Dios puede sanar a una persona que ha experimentado cosas terribles? ¿La Biblia puede ayudarla a sanar? Estas son preguntas que los autores de este libro se hacían a finales de la década de 1990, cuando veían a la gente sufriendo como resultado de la guerra. En ese momento, contaban con muy poco para ayudar a los líderes de la iglesia en las zonas rurales a encontrar respuestas a estos problemas. Margaret Hill (Coordinadora de Uso de Escrituras del Área de SIL África), Richard Baggé y Pat Miersma (Ministerios de Consejería del Área de SIL África) encontraron un libro que fue útil: *Healing the Wounds of Ethnic Conflict: The Role of the Church in Healing, Forgiveness and Reconciliation (Sanando las heridas del conflicto étnico: el papel de la Iglesia en la sanidad, el perdón y la reconciliación)* por Rhiannon Lloyd. Usando este libro como modelo y con el acuerdo de Lloyd, decidieron escribir un tipo de libro diferente para los líderes de la iglesia local. Debiera ser fácil de enseñar, fácil de traducir y fácil para que los líderes de la iglesia enseñaran a otros. Además, incorporaría las mejores prácticas de salud mental. Margaret desarrolló y probó cuatro lecciones en la República Democrática del Congo, con la ayuda de líderes de la iglesia Ngbaka, después trabajó con Richard y Pat para desarrollar borradores de más lecciones.

En 2001, Margaret, Richard, Pat y Harriet Hill (Coordinadora de Antropología del Área de SIL África) se reunieron con el siguiente grupo para seguir desarrollando los materiales: Anzelekyeho Abiti (traductora de la Biblia); Londroma Bandony (pastor, República Democrática del Congo); Karl Dortzback (Instituto para el Estudio de las Realidades Africanas); Joyce Fiodembo (consejera); Emmy Gichinga (consejera); Edward Kajivora (ACROSS y Cruzada de Literatura Sudán); Pio Lokoro (traductora de la Biblia); Violette Nyrarukundo (consejera); Anastasse Sabamungu (Empresa Evangelista Africana). Las lecciones fueron probadas en zonas de guerra y fueron publicadas por primera vez en 2004 por Paulines Publications en Nairobi. En 2011, personas de cuarenta y dos países de los cinco continentes estaban utilizando el libro, que había sido traducido, en su totalidad o en parte, a 157 idiomas.

Más y más personas pidieron ser capacitadas en sanar de las heridas del trauma, al mismo tiempo que American Bible Society (ABS) se interesó en la sanidad del trauma. Así que, en 2011, los autores dieron permiso a ABS para proporcionar la infraestructura necesaria para ampliar el alcance del programa, y ABS nombró a Harriet Hill su directora del Programa de Sanidad del Trauma. Ella coordinó el desarrollo de materiales y el modelo del programa para *Sanar las heridas del corazón,* por ejemplo, Sanidad del Trauma basado en historias, audio y video, una base de datos en línea para informar y un sitio web. ABS convocó al Concilio Asesor de Sanidad del Trauma, compuesto por profesionales de la salud mental, para asegurarse de que se utilizaran los mejores principios de salud mental. El Instituto Nida en ABS ayudó a asegurar de que las Escrituras se usaran correctamente.

En 2012, ABS estableció el Instituto de Sanidad del Trauma para apoyar y desarrollar el programa. Ese mismo año, Harriet inició la primera reunión de "comunidad de práctica", para reunir a organizaciones e individuos que trabajan en el área de la sanidad del trauma. La comunidad de práctica se convirtió en parte del modelo del programa, a nivel internacional, nacional y local. En 2016, Harriet inició la Alianza para la Sanidad del Trauma para proporcionar liderazgo multiagencias para el desarrollo posterior del programa. Las principales revisiones de *Sanar las heridas del corazón* se publicaron en 2013 y 2016. Esta revisión de 2021 continúa con los desarrollos más recientes de los materiales y el modelo.

A lo largo de todos estos desarrollos, se ha mantenido el enfoque básico que los autores utilizaron desde el principio:

- La sanidad del trauma se basa en lo que dice la Biblia y los expertos en salud mental.
- Adaptamos el libro y el programa a la situación local.
- Probamos materiales con los participantes en varios entornos y los revisamos hasta que funcionen bien.
- Capacitamos a líderes locales para enseñar el material.

- Trabajamos principalmente con grupos en lugar de individuos.
- Utilizamos el aprendizaje participativo porque las personas aprenden mejor de esta manera y les ayuda a sanar de su trauma.
- Trabajamos de maneras que permitan que las iglesias y comunidades continúen la sanidad de traumas por su cuenta.
- Animamos a las organizaciones a trabajar juntas para ayudar a la amplia cantidad de personas que sufren traumas.

Reconocimientos

Agradecemos a todos aquellos que han contribuido a hacer de estos materiales lo que son. En primer lugar, reconocemos a los cristianos en África, cuyo sufrimiento obligó a los autores a mirar las Escrituras con nuevos ojos y comprometerse con ella.

Reconocemos el trabajo fundamental de Rhiannon Lloyd en *Healing the Wounds of Ethnic Conflict: The Role of the Church in Healing, Forgiveness and Reconciliation (Sanando las heridas de los conflictos étnicos: el papel de la Iglesia en la sanidad, el perdón y la reconciliación)* (Mercy Ministries International) que surgió debido a las secuelas del genocidio de Ruanda de 1994.

Sanar las heridas del corazón ha evolucionado gracias a los muchos líderes de la Iglesia que han utilizado estos materiales y han proporcionado información y comentarios sobre cómo comunicarse eficazmente con aquellos que sufren de traumas. Les damos las gracias por su pasión y compañerismo.

Agradecemos a SIL Internacional y Wycliffe Bible Translators, quienes alentaron a los autores a responder a las necesidades traumáticas de las personas que habían llegado a amar y quienes apoyaron sus esfuerzos para lograrlo.

Agradecemos a las muchas personas que han ayudado en el desarrollo de estos materiales. Agradecemos específicamente a los autores que contribuyeron a las lecciones agregadas en años posteriores: Carol King, Harriet Hill (ABS) y Phil Monroe (ABS) por Maltrato doméstico, Suicidio y Adicciones; Pat Miersma (SIL) y Stacey Conard (SIM) por Herida moral. Estamos profundamente agradecidos con cientos de otros facilitadores de Sanidad del Trauma de todo el mundo que dieron su opinión en esta nueva edición.

Agradecemos a los muchos voluntarios que han enseñado, traducido y vivido los principios en estos materiales para que las personas y las comunidades destrozadas por el trauma puedan recuperar su bienestar.

Agradecemos a los muchos profesionales de la salud mental que han contribuido con su experiencia al desarrollo de estos materiales. Agradecemos especialmente a los miembros del Concilio Asesor de Sanidad del Trauma, junto con los muchos donantes que han hecho posible este ministerio, especialmente a la Sra. Swannie te Velde, quien financió la primera publicación del libro en 2004.

Estamos particularmente agradecidos por la alianza con Canadian Bible Society, George Pabi, y Tomás Ortiz por producir esta revisión del libro y materiales de apoyo de 2021. Su espíritu pionero y su experiencia en Paratext han sentado las bases para traducciones más rápidas y precisas de materiales de Sanidad del Trauma en el futuro.

Sobre todo, damos gracias y alabamos a Jesucristo, quien tomó todo el sufrimiento del mundo entero sobre sí mismo en la cruz, cuyas heridas nos traen sanidad (1 Pedro 2:24).

FORMULARIOS Y LISTAS DE VERIFICACIÓN

**Todos los formularios
están disponibles para descargar
desde la página del facilitador
del sitio web de THI.**

Formulario de respuesta de la sesión informativa

Iglesia u organización: _____

Nombre e información de contacto de la persona autorizada para tomar la decisión final sobre la participación en Sanidad del Trauma:

Nombre:	
Número de teléfono:	
Correo electrónico:	

¿Su iglesia u organización ya está involucrada, de alguna forma, en los programas de Sanidad del Trauma?

       ☐ Sí ☐ No   Si es así, ¿cómo?

¿Su iglesia u organización estaría interesada en tener este modelo de Sanidad del Trauma como parte de su ministerio?

       ☐ Definitivamente sí   ☐ Probablemente sí

       ☐ Probablemente no   ☐ Definitivamente no

Informe de la sesión informativa

Nombre del lugar:		¿Qué áreas son las más afectadas por el trauma?	
Ciudad, País:			
Fecha de inicio			
Fecha de finalización		¿Qué tipos de traumas están experimentando las personas?	
Total de participantes			
Organización implementadora			
Organización financiadora		Audiencia (opcional)	☐ Guardavidas ☐ Familias sustitutas ☐ Personas encarceladas ☐ Militares ☐ Misioneros ☐ Musulmanes ☐ No cristianos ☐ Huérfanos ☐ Líderes de iglesia ☐ Refugiados ☐ Estudiantes ☐ Víctimas de trata de personas
Organización anfitriona			
Facilitador(es) principal(es)			
Cofacilitador(es)		Total de horas: ____	Total de organizaciones: ____ ¿Cuál sería el lenguaje más adecuado para la primera sesión de capacitación?
Idioma principal		Nivel de interés de la organización:	____ Definitivamente sí ____ Probablemente sí ____ Probablemente no ____ Definitivamente no
Otros idiomas utilizados		Organizaciones representadas:	

Enviar el informe a su mentor, coordinador o a support@traumahealinginstitute.org.

Lista de verificación del anfitrión para las sesiones de capacitación

ANTES

- ☐ Determinar el idioma, la ubicación, las fechas y horas de la capacitación, y el número máximo de participantes, en comunicación con el facilitador principal.
- ☐ Revisar los documentos que el facilitador principal enviará y programar un tiempo para hablar de los mismos. Leer detenidamente la lista de verificación del anfitrión y el documento de responsabilidades.
- ☐ Crear el presupuesto, en comunicación con el facilitador principal.
  - ◻ Evaluar los costos de alimentos, suministros y materiales (véase la plantilla de presupuesto en el documento de responsabilidades del anfitrión).
  - ◻ Determinar el costo de la capacitación.
- ☐ Determinar el lugar, en comunicación con el facilitador principal. Reservar instalaciones accesibles con:
  - ◻ Sala de reuniones amplias para todos los asistentes, con mesas.
  - ◻ Provisión para servir bebidas y alimentos, si corresponde.
  - ◻ Acceso a Internet, si es posible.
  - ◻ Varias salas pequeñas con mesas (para las capacitaciones iniciales), o una sala adicional con una mesa (para las capacitaciones avanzadas).
  - ◻ Si la sesión de capacitación debe ser residencial, proveer un alojamiento adecuado.
- ☐ En coordinación con el facilitador principal, preparar una invitación y determinar quién debe recibirla.
  - ◻ Utilizar y consultar la plantilla del folleto.
  - ◻ Asegurarse de que las horas de inicio y finalización de cada día sean explícitas.
  - ◻ Iniciar cualquier otra iniciativa publicitaria.
  - ◻ Coordinar con el facilitador principal con respecto a la publicación del evento en el sitio web de THI.
- ☐ Establecer el registro, en comunicación con el facilitador principal.
  - ◻ Si se utilizará el registro en línea, consultar con el facilitador principal sobre cómo prepararlo.
  - ◻ Si no se utilizará el registro en línea, hacer que los participantes llenen el formulario de información del participante antes de la capacitación.
  - ◻ O imprimir formularios de información del participante, para que los participantes los llenen cuando lleguen a la capacitación.
- ☐ Planificar los detalles de alimento, bebida y audio/video para la capacitación.
- ☐ Organizar el transporte y alojamiento (si fuera necesario) para los facilitadores y participantes.
- ☐ Asegurarse de que los libros estén pedidos en los idiomas correctos, en comunicación con el facilitador principal. Si el facilitador principal no proporciona libros, pida los siguientes libros en el sitio web de THI:

Capacitación inicial:

- *Sanar las heridas del corazón*
- *Guía del facilitador de grupos para sanar*

Capacitación avanzada:

- *Manual avanzado del facilitador*

☐ Supervisar la lista de inscripción y actualizar periódicamente al facilitador principal.

- A menudo, algunas personas que se registran no pueden venir, así que tenga una lista de personas adicionales que les gustaría asistir.
- Para los participantes que usted aún no conoce, comuníquese con sus líderes para confirmar el apoyo de su iglesia u organización.
- Asegurarse de que los participantes dominen el idioma de instrucción, que puedan asistir a todas las sesiones, que tengan 18 años como mínimo, que se comprometan a ayudar a los sobrevivientes de trauma y que tengan buena reputación para enseñar a otros en la comunidad.
- Ingrese la información de los participantes en la hoja de cálculo de información del participante y envíela al facilitador principal.

☐ Para la capacitación avanzada: En coordinación con el facilitador principal, asegurarse de que los participantes hayan dirigido al menos dos Grupos para sanar y hayan enviado sus informes de su grupo por lo menos dos semanas antes de la capacitación.

☐ Decidir con el facilitador principal sobre quién dirigirá las devocionales. A menos que el facilitador principal esté organizando devocionales, comuníquese con los líderes de devocionales por adelantado.

☐ Encontrar a alguien que dirija la alabanza y tome fotos, en comunicación con el facilitador principal. Imprimir las hojas de canciones después de que el facilitador principal y el músico principal hayan elegido las canciones.

☐ Preparar los materiales, en comunicación con el facilitador principal.

- Tarjetas para nombres de participantes (escribir lo suficientemente grande para que se vea fácilmente)
- Bolígrafos/lápices (1 por participante)
- Papel de rotafolio (con respaldo adhesivo, si es posible) y marcadores, o pizarrón blanco con marcadores de pizarra
- Equipo audiovisual, si es necesario (computadora, proyector, micrófono)
- Resma de papel
- Cinta adhesiva
- Tijera
- Medicamentos, si es necesario
- Cruz de madera simple y grande
- Martillo y clavos
- Fósforos y recipiente para quemar papeles
- Un recipiente para agua con capacidad para 5 o 6 botellas de agua vacías
- Cuerda o lazo de dos metros de largo aproximadamente
- Papel más pesado (28 lb o 90 g) para certificados
- Pañuelos faciales desechables, una caja por mesa
- Campana (para anunciar el fin de las actividades)
- Crayones/marcadores para cada mesa (alrededor de 3 por participante)

- Libros y la *Guía complementaria de las Escrituras* (si se va a utilizar)
- Folleto del Instituto de Sanidad del Trauma (1 por participante)
- Formulario de autorización grupal (1 por mesa)
- Formulario de autorización individual (algunas copias, para que el facilitador tenga a mano)
- Formulario de información del participante u hoja de cálculo de información del participante, si no forma parte del proceso de inscripción

☐ Imprimir el horario final para los participantes, en comunicación con el facilitador principal. Una copia por participante.

☐ Comunicarse con los participantes unos días antes de la sesión. Recordarles la hora de inicio, la ubicación y cualquier otro detalle pertinente.

☐ Enviar la hoja de cálculo final de la información del participante al facilitador principal.

☐ Si no es posible imprimir certificados durante la capacitación, imprimirlos antes, en comunicación con el facilitador principal.

☐ Reunirse con el facilitador principal para confirmar los suministros y materiales, las comidas, bebidas y los arreglos del lugar.

DURANTE

☐ Supervisar el recibimiento en el aeropuerto y el transporte local para facilitadores y participantes.

☐ Apoyar en las ceremonias de apertura y clausura.

☐ Coordinar la logística en el lugar (alimentación, alojamiento, transporte, necesidades audiovisuales, etc.).

☐ Estar presente durante toda la capacitación para atender las necesidades de los participantes y facilitadores.

☐ Imprimir los certificados, en comunicación con el facilitador principal.

☐ Preparar una lista detallada de todos los gastos y recoger los recibos.

DESPUÉS

☐ Presentar informes financieros apropiados.

☐ Reunirse con el facilitador principal para hablar de cómo fue la sesión y revisar los formularios de comentarios de los participantes.

Lista de verificación del facilitador para las sesiones de capacitación

ANTES

- [ ] Elegir idioma(s) de la sesión.
- [ ] Ayudar al anfitrión a determinar la ubicación, las fechas y las horas de la capacitación.
- [ ] Enviar al anfitrión los siguientes documentos (descargables del sitio web del facilitador de THI) y programar un tiempo para hablar de los mismos.
  - Lista de verificación del anfitrión
  - Responsabilidades del anfitrión
  - Plantilla de presupuesto
  - Plantilla de volante/anuncio
  - Formulario de información del participante
  - Hoja de cálculo de información del participante
  - Formulario de autorización grupal
  - Formulario de autorización individual
  - Formulario de comentarios de los participantes
  - Folleto del Instituto de Sanidad del Trauma
  - Certificado de facilitador
  - Certificado de participación
  - *Guía complementaria de las Escrituras* (si se va a utilizar)
- [ ] Encontrar facilitadores para codirigir la capacitación. Evaluar quién necesita más tutoría, experiencia u oportunidades adicionales de certificación.
- [ ] Ayudar al anfitrión a determinar el presupuesto.
- [ ] Si usa el registro en línea, ayudar al anfitrión a prepararlo.
- [ ] Hacer arreglos de viaje y alojamiento. Asegurarse de que los facilitadores compartan itinerarios e información de contacto entre sí y con el anfitrión.
- [ ] Preparar cronograma con horarios. Seguir las pautas del horario y la muestra.
- [ ] Asignar las responsabilidades de presentación entre los facilitadores, incluido dividir las secciones de las lecciones que van a abarcar y asignar las lecciones de facilitación.
- [ ] Si fuera apropiado, delegar algunas responsabilidades de la lista de verificación al cofacilitador(es).
- [ ] Asegurarse de que el anfitrión esté coordinando bebidas, alimentos, alojamiento, necesidades audiovisuales y transporte.
- [ ] Asegurarse de que los libros estén pedidos en los idiomas correctos, en comunicación con el facilitador principal. Por lo general, el anfitrión es responsable de solicitar los libros, pero puede ser más fácil para el facilitador pedirlos o traerlos. Asegurarse de que todos los participantes puedan leer la *Guía del facilitador* y reservarla en un idioma que se utilizará en la sesión. Solicite lo siguiente a través del sitio web de THI:

Capacitación inicial:
- *Sanar las heridas del corazón*
- *Guía del facilitador de grupos para sanar*

Capacitación avanzada:
- *Manual avanzado del facilitador*

☐ Supervisar la lista de registro y la lista de espera, en comunicación con el anfitrión. Confirmar con el anfitrión que todos los participantes son apoyados por su iglesia u organización.

Capacitación avanzada:
- Confirme con el anfitrión que todos los participantes han dirigido al menos dos grupos para sanar y han presentado sus informes de grupos para sanar al menos dos semanas antes de la capacitación.
- Si es posible, asegúrese de que todos los participantes hayan creado un perfil de usuario en el sitio web del facilitador de THI.
- Imprima los informes de grupos para sanar de cada participante.
- Elija canciones con el músico o líder de alabanza y envíe la hoja de canciones al anfitrión para que se impriman.

☐ Preparar los materiales
- Libros (a menos que el anfitrión los esté proporcionando).
- Pruebas escritas (ajustadas para cubrir el material enseñado) y clave de respuestas.
- Hojas de canciones, si fuera necesario.
- Computadora, si está disponible.
- Archivos de PowerPoint, si fuera necesario.

☐ Finalizar el horario detallado e imprimir para los facilitadores. Incluya las horas de inicio y finalización, los recesos, las comidas y las asignaciones para las lecciones.

☐ Finalizar el cronograma general para los participantes, solo con temas y tiemos, para enviar al anfitrión. Si fuera posible, agregue el logotipo del anfitrión a la programación.

☐ Prepararse para las ceremonias. Determinar la coordinación, la música y los materiales necesarios para las ceremonias de apertura y clausura, la ceremonia de Llevar nuestro dolor a la cruz (solo inicial) y la ceremonia del Perdón (solo avanzada).

☐ En comunicación con el anfitrión, enviar un correo electrónico o otro tipo de mensaje de bienvenida a los participantes, incluyendo detalles como:
- Nombres de facilitadores y niveles de certificación (si es útil, incluya biografías de facilitadores)
- Dirección y detalles de la ubicación
- Fechas y horas de inicio y finalización
- Cronograma/Horario
- Importancia de asistir a todas las sesiones. Los participantes deben hablar directamente con el facilitador sobre los conflictos de programación.
- Vestimenta adecuada, si es necesario (teniendo en cuenta el clima, las inquietudes culturales, etc.)
- Materiales para llevar, como una Biblia

☐ Consultar con el anfitrión para responder preguntas y evaluar la preparación.

- ☐ Reunirse con el(los) cofacilitador(es) para hablar de la capacitación. Hablar sobre el horario. Asegurarse de que todas las secciones de cada lección estén cubiertas y que tenga todos los materiales necesarios. Orar por los participantes, el personal y la sesión.
- ☐ Reunirse con el anfitrión. Confirmar los suministros y materiales, los alimentos y bebidas, y los arreglos del lugar.
- ☐ Arreglar el espacio principal de reuniones. Coloque las mesas y sillas en forma de espina de pescado o use mesas circulares. Trate de crear un ambiente agradable.
- ☐ Decidir quién se sentará en cada mesa.
  - ▫ Dividir a los participantes en grupos de aproximadamente seis personas por mesa.
  - ▫ Hacer que los grupos sean lo más diversos posible (género, etnia, denominación, organización, etc.)
  - ▫ Mantener los mismos grupos durante la capacitación.
- ☐ Imprimir una lista de contactos, con los nombres de los participantes y la información de contacto.
- ☐ Si los certificados se imprimirán de antemano, guiar al anfitrión para imprimirlos.

DURANTE

- ☐ Reunirse con el cofacilitador al final de cada sesión. Dialogar sobre los aprendizajes del día de capacitación, las preocupaciones de los participantes, las competencias de los participantes y las modificaciones del horario para el día siguiente.
- ☐ Administrar la hoja de cálculo de información del participante. Actualizar con los resultados de las pruebas, los resultados de la práctica de facilitación, las asignaciones de mentores, los niveles de certificación y los comentarios.
- ☐ Determinar qué participantes deben recibir qué certificados y coordinar el proceso de retroalimentación. Un Facilitador Máster determina si aumentará el nivel de certificación de cofacilitador(es).
- ☐ Si los certificados no se imprimieron de antemano, guiar al anfitrión para imprimirlos.
- ☐ Verificar la información de contacto de los participantes y distribuir la lista de contactos, si fuera admisible. Preguntar a los participantes si su información de contacto es correcta y si están dispuestos a compartirla con otros participantes. Si es así, generar una lista de contactos para distribuirla a todos los participantes.
- ☐ Asignar un mentor a cada participante. Comunicar las asignaciones a los mentores y asegurarse de que los mentores y los aprendices acuerden sus responsabilidades entre sí.
- ☐ Hacer que los participantes firmen el formulario de autorización grupal.
- ☐ Tomar una foto del grupo.
- ☐ Hacer que los participantes llenen el formulario de comentarios de los participantes.

DESPUÉS

- ☐ Ingresar el informe de la capacitación en la plataforma de informes de THI.
- ☐ Reunirse con el equipo de facilitadores para evaluar la sesión, revisar los formularios de comentarios de los participantes, y determinar lo que puedan aprender de la experiencia.
- ☐ Reunirse con el anfitrión para hablar de la sesión, revisar los formularios de comentarios de los participantes, y compartir qué podrían aprender de la experiencia.
- ☐ Proveer mentoría a los otros del equipo de facilitadores.

Otros modelos de programa de capacitación inicial

Modelo de programa de 4 días para la capacitación inicial con 2 sesiones de práctica

Fuente en negrita = lecciones de grupo para sanar

DÍA 1

8:30–8:45	Bienvenida
8:45–9:00	Devocional y cantos
9:00–9:30	Orientación
9:30–9:50	Introducción a *Sanar las heridas del corazón* y **Sesión de bienvenida**
9:50–10:05	Receso
10:05–12:00	**Si Dios nos ama, ¿por qué sufrimos?**
12:00–1:00	Almuerzo
1:00–2:30	**¿Qué es una herida del corazón?**
2:30–3:00	Receso
3:00–5:00	**¿Qué puede ayudar a sanar las heridas de nuestro corazón?**
5:00–5:15	Clausura

Tarea: Leer las lecciones de hoy día

DÍA 2

8:30–8:45	Devocional y cantos
8:45–10:00	**¿Qué sucede cuando alguien está de duelo?** (Secciones 1–5)
10:00–10:30	Receso
10:30–11:30	**¿Qué sucede cuando alguien está de duelo?** (Ejercicio del lamento)
11:30–1:00	Almuerzo y receso
1:00–2:45	**Lección opcional**
2:45–3:15	Receso
3:15–4:45	**Llevar nuestro dolor a la cruz**
4:45–5:00	Clausura

Tarea: Leer las lecciones de este día y estudiar para la prueba

DÍA 3

8:30–8:45	Devocional y cantos
8:45–9:55	**¿Cómo podemos perdonar a los demás?** (Secciones 1–3)
9:55–10:10	Receso
10:10–11:00	**¿Cómo podemos perdonar a los demás?** (conclusión)
11:00–11:30	**Mirando hacia atrás**
11:30–12:15	*Guía del facilitador de grupos para sanar* y resumen del programa

12:15–1:15	Almuerzo
1:15–1:45	Prueba
1:45–2:30	Facilitar los grupos
2:30–3:15	Orientación a la práctica de facilitación
3:15–3:30	Receso
3:30–5:00	Práctica de facilitación (con grupos de 4 personas)
5:00–5:15	Asignaciones para la 2ª práctica de facilitación*

Tarea: Leer las lecciones de este día y preparar para la práctica de facilitación

DÍA 4

8:30–8:45	Devocional y cantos
8:45–9:00	Entrega de pruebas y revisión de las respuestas
9:00–10:20	Práctica de facilitación (con grupos de 6 personas)
10:20–10:35	Receso
10:35–11:30	Completar la práctica y conversar lo que aprendieron
11:30–12:15	Organizar un grupo para sanar
12:15–1:45	Almuerzo y conversaciones sobre la certificación
1:45–2:00	Sitio web de THI
2:00–3:00	Planes de acción
3:00–3:15	Mentoría
3:15–3:30	Cultivando nuestra comunidad de práctica
3:30–3:45	Preguntas y respuestas
3:45–4:00	Orando con los grupos de mesa
4:00–4:10	Formulario de comentarios de los participantes
4:10–4:40	Ceremonia de clausura y foto grupal

* Con un grupo que no muestre buenas habilidades de facilitación, use secciones adicionales de las lecciones principales; con integrantes más capaces, divida una lección opcional entre el grupo, preferiblemente Cuidando al que cuida.

Modelo de programa para capacitación inicial en fin de semana

Fuente en negrita = lecciones de grupo para sanar

Jueves

6:00–6:15	Bienvenida
6:15–6:30	Devocional y cantos
6:30–7:00	Orientación y Introducción a *Sanar las heridas del corazón* y **Sesión de bienvenida**
7:00–9:00	**Si Dios nos ama, ¿por qué sufrimos?** (con un receso breve)

Viernes

8:30–8:45	Devocional y cantos
8:45–10:15	**¿Qué es una herida del corazón?**
10:15–10:30	Receso

10:30–12:30	**¿Qué puede ayudar a sanar las heridas de nuestro corazón?**
12:30–1:30	Almuerzo
1:30–2:45	**¿Qué sucede cuando alguien está de duelo?**
2:45–3:00	Receso
3:00–4:00	**Ejercicio del lamento**
4:00–5:30	**Llevar nuestro dolor a la cruz**

Tarea: Repasar las lecciones de jueves y viernes

Sábado

8:30–8:45	Devocional y cantos
8:45–10:00	**¿Cómo podemos perdonar a los demás?**
10:00–10:15	Receso
10:15–11:30	**¿Cómo podemos perdonar a los demás?** (cont.)
11:30–12:00	**Mirando hacia atrás**
12:00–1:00	Almuerzo
1:00–1:45	*Guía del facilitador de grupos para sanar* y resumen del programa
1:45–2:30	Facilitar los grupos
1:45–3:45	Orientación a la práctica de facilitación
3:45–4:15	Receso y preparación para la práctica
4:15–5:30	Práctica de facilitación

Tarea: Repasar las lecciones de hoy día y completar la prueba

Domingo (también se pudiera hacer por la tarde para no impedir la participación en los cultos)

8:30–8:45	Devocional y cantos
8:45–9:15	Revisar las respuestas de la prueba
9:15–10:00	Organizar un grupo para sanar
10:00–10:15	Receso
10:15–10:30	Sitio web del Instituto de Sanidad del Trauma
10:30–11:15	Plan de acción (crear, compartir y orar en grupos de mesa)
11:15–11:25	Mentoría
11:25–11:35	Cultivando nuestra comunidad de práctica
11:35–11:50	Preguntas y respuestas
11:50–12:00	Formulario de comentarios de los participantes
12:00–12:30	Ceremonia de clausura y foto grupal

Información del participante

☐ Señorita ☐ Sra. ☐ Sr. ☐ Rev. ☐ Dr.	Primer nombre:	Segundo nombre:

Apellido:

Nombre como desea que aparezca en su certificado:

Calle, Ciudad, Estado/Provincia, Código Postal, País:

Correo electrónico:	Número de teléfono principal: ☐ casa ☐ móvil ☐ trabajo
Correo electrónico alternativo:	Número de teléfono alternativo: ☐ casa ☐ móvil ☐trabajo

Nombre en Skype o número de WhatsApp:

Género: ☐ masculino ☐ femenino	Año de nacimiento:
Países del ministerio:	País de nacimiento:
Idioma de referencia:	Otros idiomas que habla con fluidez:

Denominación:

Años de educación formal (a partir del Grado 1):	Años de entrenamiento en salud mental:
Años de entrenamiento en la escuela bíblica o seminario:	Años viviendo en una cultura distinta a la suya:
Organización (si pertenece a alguna):	Título que tiene con la organización:

Información de contacto de quien lo recomienda para convertirse en un facilitador de Sanidad del Trauma:

Autorización grupal para fotografías y grabaciones

Copie esta página o prepare una hoja de papel con el texto que está a continuación, y pida a los participantes que escriban su nombre y firmen para autorizar el uso de fotos y grabaciones en las que estén presentes. Envíe este formulario de autorización con la fotografía o grabación a su mentor o coordinador de Sanidad del Trauma.

Fecha: Ciudad, país:

Facilitador(es):

Autorizo al *Instituto de Sanidad del Trauma* y a sus asociados a usar fotos y/o grabaciones de voz/video en las que esté presente, para promover sus programas de Sanidad del Trauma. Soy mayor de edad.

Nombre	Firma

Autorización individual para testimonios, fotografías y grabaciones

Si se puede identificar a la persona para un testimonio, una foto o una grabación, obtenga su permiso antes de compartirlo. Utilice este formulario o cree su propia hoja de autorización usando esta redacción. Envíe este formulario de autorización con el testimonio, fotografía o grabación a su mentor o coordinador de Sanidad del Trauma.

Descripción del documento: _____

Autorizo a *Instituto de Sanidad del Trauma* y sus asociados para usar los materiales referidos en su ministerio, para promover programas de Sanidad del Trauma. El material en mención es de mi propiedad y estoy dispuesto(a) a otorgar mi autorización.

Nombre: _____ ☐ Mayor de 18 años.

Firma: _____ ☐ Usar anónimamente.

Fecha: _____ Ciudad, país: _____

Facilitador(es): _____

La práctica de facilitación de capacitación inicial

PREPARACIÓN

Mi lección: _____

Mi(s) sección(es): _____

Objetivo(s) de mi sección (consulte la guía del facilitador): _____

PASO	MINUTOS
Presentar ¿Qué voy a decir para presentar el tema?	
Preguntar ¿Cuál es(son) la(s) pregunta(s) para la conversación? ¿Conversaremos en parejas o como un grupo pequeño?	
Escuchar Mientras conversan, yo escucharé. Si hablan en parejas, obtendré comentarios después.	
Agregar ¿Cuáles son los puntos principales que añadiré del libro, si no se mencionan? ¿Qué voy a decir para concluir?	
¿Qué materiales y ayudas visuales necesito?	Total = 10 minutos

Retroalimentación y evaluación

Al final de cada práctica de ejercicio de facilitación, responderá a dos preguntas:

1. ¿Qué cree que salió bien?
2. ¿Qué podría hacer la próxima vez para mejorar?

Luego, los miembros del grupo le darán retroalimentación usando las mismas preguntas.

Sus habilidades facilitadoras serán evaluadas en una escala de 1 a 10, con 10 como excelente.

- *Muy bueno* (9–10 puntos): Comunica el material del libro de manera muy clara y precisa. La participación del grupo se organizó muy bien. Responde muy bien a las preguntas. Mantiene el grupo funcionando bien. Provee una experiencia de aprendizaje agradable.
- *Bueno* (7–8 puntos): Comunica el material del libro de manera muy clara y precisa. La participación del grupo se organizó muy bien. Responde muy bien a las preguntas. Hubo algunos problemas menores en el manejo del grupo.
- *Aceptable* (5–6 puntos): Comunica el material del libro con precisión. Poca participación del grupo. Presentación o participación del grupo no siempre bien planificada o clara. Tiene alguna dificultad para responder a las preguntas y manejar el grupo.
- *Débil* (3–4 puntos): Predica o da conferencias con muy poca o ninguna participación grupal, o la presentación es confusa o inexacta, o se enfoca en material que no está en el libro. No responde satisfactoriamente a las preguntas. No muestra capacidad de manejar bien el grupo.
- *Muy débil* (1–2 puntos): Incapaz de comunicarse en grupo. Carece de buen manejo de grupo.

La práctica de facilitación de capacitación avanzada

Para afinar nuestras habilidades de facilitación y nuestra capacidad de dar y recibir comentarios, cada uno hará un ejercicio de facilitación de práctica de 30 minutos utilizando una de las lecciones principales (excepto Llevar nuestro dolor a la cruz). Trabajaremos en parejas, compartiendo los 30 minutos por partes iguales.

PREPARACIÓN

Mi compañero de equipo: _____

Nuestra lección: _____

Seleccione una porción de la lección que se puede cubrir en 30 minutos y es muy participativa. (*No seleccione la historia*). A continuación, utilice esta tabla para ayudar a su equipo a prepararse:

Sección y objetivo de la sección (consulte la *Guía del facilitador*)	**¿Quién liderará?**	**¿Cómo participarán los participantes?** (grupo pequeño, grupo grande, individualmente) ¿Qué pregunta va a hacer, o qué instrucciones va a dar para iniciar su participación?	**Minutos (30 min total)**

Retroalimentación y evaluación

Después de su práctica de facilitación, usted y su compañero de equipo responderán a dos preguntas:

1. ¿Qué creen que salió bien?
2. Qué podrían hacer diferente la próxima vez para mejorar?

Después, cada miembro del grupo le dará retroalimentación usando las mismas preguntas.

Utilizaremos la misma escala de evaluación que utilizamos durante la capacitación inicial:

- *Muy bueno* (10–9 puntos): Comunica el material del libro de manera muy clara y precisa. La participación del grupo se organizó muy bien. Responde muy bien a las preguntas. Mantiene funcionando bien al grupo. Provee una agradable experiencia de aprendizaje.
- *Bueno* (8–7 puntos): Comunica el material del libro de manera muy clara y precisa. La participación del grupo se organizó muy bien. Responde muy bien a las preguntas. Tiene algunos problemas menores en el manejo del grupo.
- *Regular* (6–5 puntos): Comunica el material del libro con precisión. Poca participación del grupo. Presentación o participación en grupo no siempre bien planificada o clara. Tiene alguna dificultad para responder a las preguntas y manejar el grupo.
- *Débil* (4–3 puntos) predica o da conferencias con muy poca o ninguna participación grupal, o la presentación es confusa o inexacta o se enfoca en material que no está en el libro. No responde satisfactoriamente a las preguntas. Carece de capacidad para manejar bien el grupo.
- *Muy débil* (2–1 puntos): Incapaz de comunicarse en grupo. No tiene buen manejo de un grupo.

Revisión de la lección

Puntos importante que quiero recordar acerca de facilitar cada una de las lecciones básicas:

Si Dios nos ama, ¿por qué sufrimos?

¿Qué es una herida del corazón?

¿Qué puede ayudar a sanar las heridas de nuestro corazón?

¿Qué sucede cuando alguien está de duelo?

Llevar nuestro dolor a la cruz

¿Cómo podemos perdonar a los demás?

Lista de verificación del grupo para sanar

ANTES

☐ Obtener la autorización de los líderes apropiados para realizar un grupo para sanar.

☐ Encontrar un facilitador para codirigir el grupo para sanar.

☐ Determinar el lugar del grupo para sanar. Identifique una ubicación según las necesidades locales, el costo y la accesibilidad para los asistentes.

☐ Determinar las fechas y el horario del grupo para sanar.

◻ Incluya al menos la sesión de bienvenida, seis lecciones básicas y "Mirando hacia atrás".

◻ No programe más de tres lecciones en un día, para evitar que los participantes se sientan abrumados emocionalmente.

◻ Si una actividad de arte o el lamento se da como tarea (no recomendado), asegúrese de programar tiempo para compartir sobre la tarea al comienzo de la próxima sesión.

◻ Programar horas de café/comida, si es apropiado.

◻ Obtenga la opinión de su mentor respecto a su horario previsto.

☐ Calcular costos. Los grupos para sanar son parte de un ministerio local y no deben requerir financiamiento externo. Los únicos costos deberían ser para materiales, libros, alimentos y bebidas.

☐ Dividir las secciones de las lecciones con el cofacilitador.

☐ Estudiar y prepararse para facilitar las lecciones. Practique dramas y ejercicios, prepare referencias bíblicas, música (si fuera apropiado).

☐ Comprar/preparar materiales.

◻ El libro *Sanar las heridas del corazón* para el participante o *Guía complementaria de las Escrituras* (uno para cada participante)

◻ Pañuelos faciales desechables

◻ Biblias, si fuera necesario

◻ Bolígrafos/lápices

◻ Etiquetas o tarjetas de mesa para los nombres, si los integrantes no se conocen

◻ Marcadores/crayones o lápices de colores

◻ Papel en blanco

◻ Rotafolio y/o pizarra y marcadores apropiados

◻ Copias de letras de las canciones

◻ Cruz, si es apropiado

☐ Prepararse para cuidar bien a los participantes. Investigue los recursos locales a los que puede dirigir a los participantes, si fuera necesario, y las leyes relacionadas con la confidencialidad.

☐ Supervisar la lista de registro. A menudo, algunas personas que se registran no pueden venir, así que mantenga una lista de espera para quienes les gustaría asistir. Recuerde que una vez que comience el grupo, no se deben agregar nuevos participantes.

☐ Organizar servicios de interpretación para los participantes, si fuera necesario.

☐ Supervisar el suministro de alimentos, bebidas y refrigerios, si corresponde. Es útil tener un anfitrión que sea responsable de esto, para que los facilitadores puedan concentrarse en el grupo y su experiencia de las lecciones.

☐ Recordar a los participantes los detalles del grupo, tales como:
   ◻ Fechas y horas de inicio y finalización de las reuniones
   ◻ Importancia de asistir a todas las sesiones. Los participantes deben hablar directamente con el facilitador sobre los conflictos del horario.

☐ Reunirse con el(los) cofacilitador(es) para hablar sobre el horario. Asegúrese de que todas las secciones de cada lección estén cubiertas y que tenga todos los materiales necesarios. Ore por los participantes, el personal y la sesión.

☐ Configurar el espacio para las reuniones. Organice las mesas y sillas de una manera que permita a los participantes interactuar, idealmente en un círculo o en una(s) mesa(s). Trate de que sea un ambiente agradable.

DURANTE

☐ Reunirse con el cofacilitador al final de cada sesión. Revise los aprendizajes de la sesión, las preocupaciones de los participantes y las modificaciones del programa para la próxima sesión. Si fuera necesario, hable con su mentor sobre cualquier preocupación.

☐ Estar en contacto con los participantes regularmente. Averigüe cómo se sienten y si están teniendo alguna dificultad como resultado de la experiencia del grupo para sanar.

☐ Cubrir individualmente cualquier lección perdida por un participante antes de la próxima reunión.

☐ Conectarse con su mentor al menos una vez durante el grupo para sanar, para hablar sobre cualquier pregunta.

☐ Imprimir certificados de participación, si corresponde.
   ◻ Algunos contextos aprecian los certificados, mientras que para otros puede no tener importancia. Determine si los certificados serían útiles.
   ◻ Descargue el certificado de participación del grupo para sanar del sitio web de THI. Complete los datos faltantes como la ubicación, la fecha y el nombre de cada participante. Imprima y firme.

☐ Si se toman fotografías, asegurarse de que los participantes firmen el formulario de autorización grupal.

☐ Si se dan testimonios, asegurarse de que los participantes firmen el formulario de autorización individual.

☐ Si lo desea, dar a los participantes la oportunidad de llenar el formulario de comentarios de los participantes.

DESPUÉS

☐ Reunirse con el cofacilitador para analizar el grupo para sanar. Revisen juntos los formularios de comentarios de los participantes.

☐ Ingresar el informe del grupo para sanar en el sitio web del facilitador o enviarlo a su mentor o coordinador.

Informe del grupo para sanar

Se alienta a cualquier facilitador que puede acceder al sitio web del facilitador de THI a ingresar su informe de grupo para sanar. Si esto no es posible, puede completar el formulario a continuación y entregárselo a su mentor o coordinador del programa de Sanidad del Trauma.

País:	Facilitador principal:
Ciudad:	Cofacilitador(es):
Estado / Departamento / Distrito:	Idioma principal:
¿Se reunieron en línea? ____ Sí ____ No	Organización anfitriona:

Fecha de inicio:	Fecha de finalización:	Asociado implementador:	
Cantidad de horas:	Duración: □ semanal □ dos veces por semana □ medio día □ todo el día □ otro	¿Financiación local? □	¿Confidencial? □ *(Marcar solo si existe riesgo de seguridad)*

Audiencia (opcional):	□ Primeros respondedores □ Familias sustitutas □ Encarcelados □ Militares □ Misioneros □ Musulmanes	□ No cristianos □ Huérfanos □ Líderes de iglesia □ Refugiados □ Estudiantes □ Víctimas de trata de personas	Cuántos iniciaron: ____ Cuántos terminaron: ____	Cuántos: ____ Hombres ____ Mujeres
			Número que completaron: Anglicanos ____ Católicos _____ Protestantes_____ Ortodoxos ____ Otros: _____	

Materiales	**Lecciones**	¿Qué logros experimentaron?
□ Audio □ Clásico (Adulto) □ Militar □ Trauma generacional □ Correccional □ Versión historias	*Principales:* □ Sufrimiento (L1, versiones anteriores a 2021) □ Heridas del corazón (L2, anteriores a 2021) □ Sanar (L2, anteriores a 2021) □ Lamentos (versión audio o historias) □ Duelo (L3, anteriores a 2021) □ Llevar nuestro dolor a la cruz (anteriormente L8) □ Perdón (L9, anteriores a 2021) *Opcionales o de programa específico* □ Niños □ Violación □ VIH y sida □ Maltrato doméstico □ Suicidio □ Adicciones □ Cuidando al que cuida □ Vivir como cristianos en medio del conflicto □ Preparación para las dificultades □ Ayuda después de un desastre □ Covid-19 □ Herida moral □ Aborto □ Trauma generacional □ Duelo comunitario □ Otro: _____	¿A qué desafíos se enfrentaron?

Informe de las minisesiones de Sanidad del Trauma

Se alienta a cualquier facilitador que puede acceder al sitio web del facilitador de THI a ingresar su informe de Minisesión. Si esto no es posible, puede completar el formulario a continuación y entregárselo a su mentor o coordinador del programa de Sanidad del Trauma.

Nombre:

Fecha				
Ubicación				
Tipo de grupo				
¿1º 2º 3º encuentro?				
Horario de encuentro				
Facilitador(es) principal(es)				
Cofacilitador(es)				
Lecciones o partes de lecciones/ ejercicios realizados				
Idioma(s) utilizado(s)				
Número de participantes				

Adjuntar testimonios y fotos, con autorización. Enviar informe a su mentor, coordinador o a support@traumahealinginstitute.org.

Ejercicio de agotamiento

Llene esta tabla de acuerdo con lo que sintió durante el último mes.

		NUNCA	RARA VEZ	ALGUNAS VECES	A MENUDO	SIEMPRE
		0	1	2	3	4
1	Me siento cansado o lento la mayor parte del tiempo, incluso cuando duermo lo suficiente.					
2	Noto que me molesto fácilmente cuando otras personas me piden algo y cuando cuentan historias sobre sus actividades diarias.					
3	Siento que me aíslo, y no me preocupo por los problemas y las necesidades de otras personas.					
4	Estoy teniendo más y más dificultades para mantener el interés en mi trabajo.					
5	Me siento triste.					
6	Me he vuelto distraído. Olvido las citas con personas, fechas de entrega y los artículos personales.					
7	Me doy cuenta que evito a la gente, y ni siquiera disfruto estar cerca de amigos cercanos y miembros de la familia.					
8	Me siento agotado, incluso las actividades de rutina se sienten como un esfuerzo.					
9	He estado experimentando problemas físicos: como dolores de estómago, dolores de cabeza, resfriados persistentes, molestias y dolores generales.					
10	Tengo problemas para dormir (problemas para conciliar el sueño, para permanecer dormido, para despertarme, tengo pesadillas, etc.).					
11	Tengo dificultades para tomar decisiones.					
12	Me siento agobiado por las responsabilidades y las presiones.					
13	Tengo poco entusiasmo por el trabajo y, sobre todo, cuando pienso en mi trabajo, mis sentimientos son negativos.					
14	En el trabajo, constantemente me cuesta llenar las expectativas que tengo de mí, o las que otros tienen de mí. Siento que soy menos eficiente de lo que debería ser.					
15	He estado comiendo más (o menos), fumando más cigarrillos o consumiendo más alcohol o drogas.					
16	Siento que no puedo resolver los problemas que enfrento en el desempeño de mis responsabilidades.					
17	Siento que lo que hago es insignificante y realmente no marca ninguna diferencia.					
18	Me siento "usado" y poco apreciado.					
19	Me siento frustrado y me irrito fácilmente por inconvenientes pequeños.					

	NUNCA	RARA VEZ	ALGUNAS VECES	A MENUDO	SIEMPRE
	0	1	2	3	4
20 Tengo problemas para concentrarme y completar las tareas.					
21 Siento que tengo demasiado (o muy poco) que hacer.					
22 Trabajo muchas horas (más de diez por día) y no tengo, por lo menos, un día libre cada semana.					
23 Me involucro en conflictos con compañeros de trabajo o miembros de la familia.					
24 No me preocupa si cumplo con mis responsabilidades o si las hago bien.					
25 Siento que otros son incompetentes en gran medida y que no están haciendo bien su trabajo.					

PUNTUACIÓN TOTAL

Adaptado de Headington Institute

Sume cada columna y, a continuación, sume estos totales para obtener su puntuación total.

- 0–25: Sugiere que su riesgo de agotamiento es bajo.
- 26–50: Sugiere que puede estar experimentando un riesgo de agotamiento bajo a moderado.
- 51–75: Sugiere que puede estar experimentando un riesgo de agotamiento moderado a alto.
- 76–100: Sugiere que puede estar experimentando un alto grado de riesgo de agotamiento.

CONVERSACIÓN EN GRUPOS PEQUEÑOS

1. ¿Cuáles son sus fuentes de estrés?
2. ¿Qué pasos prácticos puede tomar para tener un estilo de vida más saludable?
3. ¿Qué paso de acción se comprometerá a dar esta semana?
4. ¿Con quién va a hablar de esto?

Nombre, información de contacto: _____

Plan de acción de capacitación avanzada

Mapeo de la actividad de Sanidad del Trauma

¿Dónde está ocurriendo la Sanidad del Trauma en nuestro país?

¿Dónde se necesita?

Metas

¿Cuáles son las metas de Sanidad del Trauma para los próximos 12 meses?

¿Qué pasos de acción tomará para lograr estos objetivos? (véase la parte delantera de este manual para una descripción de estas actividades).

ACTIVIDADES	¿CUÁNDO, DÓNDE, PARA QUIÉN, CON QUÉ FACILITADORES?
Sesión informativa	
Grupos para sanar	
Sesiones de capacitación inicial	

Sesiones de capacitación avanzada	
Reunión de la comunidad de práctica	

Mi mentor: _____

Información de contacto: _____

Financiación local

Estas actividades generan costos.

1. ¿Cuáles son algunas posibilidades en que se podría financiar las metas de Sanidad del Trauma dentro de la comunidad?

2. ¿Quiénes son algunos socios potenciales o iglesias en la comunidad?

3. ¿Cómo podría compartir la visión para la Sanidad del Trauma con ellos?

Cultivar nuestra comunidad de práctica

¿Cómo podríamos mantenernos en contacto para apoyarnos y alentarnos mutuamente en el trabajo de Sanidad del Trauma?

Comentarios de los participantes

Nombre (opcional):

☐ *Marque esta casilla para otorgar permiso a fin de usar sus comentarios, de forma anónima, para la recomendación de Sanidad del Trauma.*

1. ¿Qué sesión le pareció más útil? ¿Por qué?

2. ¿Qué sesión fue más difícil para usted?

3. ¿Hay cosas que esperaba aprender y que no fueron cubiertas?

4. ¿Qué cambios, si los hubiera, cree que podrían mejorar el grupo para sanar (o la capacitación, si corresponde)?

5. ¿Cómo le ha impactado este grupo para sanar (o capacitación)? (Por ejemplo: aprender algo nuevo, su propia sanidad, sentirse mejor y capaz de ayudar a otros, etc.).

6. ¿Tiene algún otro comentario?

Comentarios de los participantes de la capacitación avanzada

Nombre (opcional): _____ (sería útil que incluya su nombre, para que podamos dar seguimiento a cualquier sugerencia).

☐ *Marque esta casilla para otorgar permiso a fin de usar sus comentarios, de forma anónima, para la recomendación de Sanidad del Trauma.*

1. ¿Qué sesión le pareció más útil? ¿Por qué?

2. ¿Qué sesión fue más difícil para usted?

3. ¿Hay cosas que esperaba aprender y que no se cubrieron?

4. ¿Qué cambios, si los hubiera, cree que podrían mejorar la capacitación?

5. ¿Cómo le ha impactado esta capacitación? (Por ejemplo: aprender algo nuevo, su propia sanidad, sentirse mejor y capaz de ayudar a otros, etc.).

6. ¿Les recomendaría a otros esta sesión de capacitación? ¿Por qué?

7. Si alguien le pregunta, ¿Valió la pena asistir a la capacitación avanzada?, ¿qué le diría?

8. ¿Tiene algún otro comentario?

Certificado de Facilitador

Descargable desde el sitio web del facilitador de THI. El campo de nivel de certificación del facilitador es editable. Inserte el cursor y escriba el nivel apropiado (Facilitador Aprendiz, Facilitador de Grupo para sanar, Facilitador de Capacitación, etc.)

CERTIFICADO

El *Instituto de Sanidad del Trauma*

certifica a

Presentado por

Lugar

Fecha

como

FACILITADOR APRENDIZ

del programa «Sanar las heridas del corazón»

Trauma Healing Institute
La Palabra de Dios restaura vidas

Certificado de Participación en una sesión de capacitación

INSTITUTO DE SANIDAD DEL TRAUMA

Reconocimiento de Participación

Juan Rojas-Hernández

ha completado con éxito
la sesión de capacitación inicial
para «Sanar las heridas del corazón»
programa clásico

organizado por
Sociedad Bíblica de Guatemala

en
Ciudad de Guatemala

el día
20 de junio, 2016

Trauma Healing Institute
La Palabra de Dios restaura vidas

Informe de la sesión de capacitación

Se alienta a cualquier facilitador que puede acceder a la plataforma de informes de THI a ingresar su informes de las sesiones de capacitación. Si esto no es posible, puede completar el formulario a continuación y entregárselo a su mentor o coordinador del programa de Sanidad del Trauma.

País:	Facilitador principal:
Ciudad:	Cofacilitador(es):
Estado / Departamento / Distrito:	Idioma principal:
¿Se reunieron en línea? ____ Sí ____ No	Organización anfitriona:

Fecha de inicio:	Fecha de finalización:	Asociado implementador:

Cantidad de horas:	Duración: □ semanal □ dos veces por semana □ medio día □ todo el día □ otro	¿Financiación local? □	¿Confidencial? □ *(Marcar solo si existe riesgo de seguridad)*

Audiencia (opcional):	□ Primeros respondedores □ Familias sustitutas □ Encarcelados □ Militares □ Misioneros □ Musulmanes	□ No cristianos □ Huérfanos □ Líderes de iglesia □ Refugiados □ Estudiantes □ Víctimas de trata de personas	Cuántos iniciaron: ____ Cuántos terminaron: ____	Cuántos: ____ Hombres ____ Mujeres

Número que completaron:
Anglicanos ____ Católicos _____ Protestantes_____
Ortodoxos ____ Otros: _____

Materiales	Lecciones	¿Qué logros experimentaron?
□ Audio □ Clásico (Adulto) □ Militar □ Trauma generacional □ Correccional □ Versión historias	**Principales:** □ Sufrimiento (L1, versiones anteriores a 2021) □ Heridas del corazón (L2, anteriores a 2021) □ Sanar (L2, anteriores a 2021) □ Lamentos (versión audio o historias) □ Duelo (L3, anteriores a 2021) □ Llevar nuestro dolor a la cruz (anteriormente L8) □ Perdón (L9, anteriores a 2021) *Opcionales o de programa específico* □ Niños □ Violación □ VIH y sida □ Maltrato doméstico □ Suicidio □ Adicciones □ Cuidando al que cuida □ Vivir como cristianos en medio del conflicto □ Preparación para las dificultades □ Ayuda después de un desastre □ Covid-19 □ Herida moral □ Aborto □ Trauma generacional □ Duelo comunitario □ Otro: _____	
		¿A qué desafíos se enfrentaron?

Informe de reunión de la comunidad de práctica

Nombre del lugar: Ciudad, País:	Conferencista	
Fecha de inicio	Temas de desarrollo profesional	
Fecha de finalización		
Organización implementadora		
Organización financiadora	Necesidades identificadas	
Organización anfitriona		
Facilitador(es) principal(es)		
Cofacilitador(es)	Resultados prácticos	
Idioma principal	Total de horas	

Otros idiomas utilizados	Número de participantes que iniciaron:	Número de participantes que concluyeron:	Total de participantes:

¿Qué logros experimentaron?

¿A qué desafíos se enfrentaron?

Enviar el informe a su mentor, coordinador o a support@traumahealinginstitute.org.

www.ingramcontent.com/pod-product-compliance
Lightning Source LLC
Chambersburg PA
CBHW081601040426
42448CB00013B/3148